あなたの「弱み」を売りなさい。

戦わずに売る 新しいブランド戦略

川上徹也

ディスカヴァー携書
157

ある大学のカフェテリアで

In the cafeteria
of a university

ある大学で1時間半の講義をした。

講義のタイトルは「あなたの〝弱み〟を売りなさい」。

学長から何か学生に刺激を与える話をしてほしいと依頼されたのだ。


講義が終わって学食のカフェテリアでコーヒーを飲みながら次のスケジュールを確認していると、隣の席にひとりの女子学生が座った。

「先生、さっきの講義のことで質問があるんですが、いいですか？」

顔をあげて彼女の顔を見た。見覚えがあった。講義中、しっかりこちらを見て、何度もうなずきながら聴いてくれていた学生だった。講義する側からすると、受講者の中にそういう人がひとりでもいてくれるのはとても助かる。それをよりどころに話ができるからだ。自然と顔も覚えるというものである。

彼女はノートを見ながら言った。

「『君たちの最大の弱点の中に、最大のアピールポイントがある。それを見つけてアピールしなさい』」

どうやら私の口調をマネしているようだ。

「……という部分が響きました」と彼女は付け加えた。

「そう」

「確かに私たちのような無名の大学の学生が、無理に能力を盛って争ったりしても、就職では偏差値の高い大学の学生には勝てませんからね」

「そこまで言ってないよ」

「あえて弱点を見せて、そこから這い上がっていく姿を見せるという法則。なんて名前でしたっけ？」

「ストーリーの黄金律」

「そうそれ。あと、なんとかの3本の矢」

「ストーリーブランディングの3本の矢」

「私も3本の矢をまず確立して、自分だけの星を発見しようと思います」

「頑張って」

「ストーリーブランディングって、会社やお店にも応用できますよね？」

「むしろ逆かな。会社やお店を輝かせるために考えた法則だけど、君たちのような学生が就職活動するときにも使える」

「私の実家、九州で小さなスーパーをやっているんです」

「そう」

「去年くらいまではそれなりに繁盛していたんですが、近くに大きなショッピングモールができて」

「多くのお客さんがそちらに流れてしまった」

「そのとおりです。さすがですね」

「誰でもわかるよ」

「先生、いっぱい本を出していますよね？　両親に送ってあげようと思うんです。どれがオススメですか？」

「そうやねぇ」

「うちの母親、あんまり難しい本は読まない人なので、できるだけやさしい本がいいんですけど」

「やさしい本か。じゃあアレかな。星パン」

「ホシパン?」

「星ヶ岡のチンパンジーというタイトルの本。略して星パン」

彼女はバッグからスマホを取り出し操作しはじめた。

「これですね」とネット書店の画面を見せる。

そこには『星ヶ岡のチンパンジー』のカバーが写っていた。

「そう、それ」

「ずいぶんと可愛らしい表紙ですね。どんな内容なんですか?」

「架空の国でのお話なんだ。チンパンジーに似た青年キエが、ヤサボノという料理のレストランを開業するところから始まる」

私は『星ヶ岡のチンパンジー』のあらすじを話しはじめていた。

あなたの「弱み」を売りなさい。
もくじ

星ヶ岡のチンパンジー

無名の小さなお店《あなた》が有名な大きなお店《あいつ》に
勝ったたったひとつの戦略

1

ある国の街のはずれ。丘の上にキエと呼ばれる男が住んでいました。

キエとは、現地のことばでチンパンジーという意味です。ほんとうの名前は別にあるのですが、小さいころから毛深く、顔がチンパンジーに似ていたので、そんな名前で呼ばれるようになったのです。

キエは、丘の上で小さな食堂を経営していました。

かれが出す料理は「ヤサボノ」。

ヤサボノは、肉と野菜を煮込んだその国の代表的な家庭料理です。それをライスの上にかけて食べます。シンプルだけど、煮込み方や具の違いから、家庭によって微妙に味が違います。キエはその料理をとても誇りに思っていました。

かれは貧しい家庭に育ち、いつもヤサボノを食べていました。かれの母親は飽きないように工夫を加えて、毎日いろいろな味つけのヤサボノをつくってくれたのです。母親のおかげで、貧しくても愛情をいっぱい受けて、幸せな少年時代を過ごしました。

ところが、一〇歳のときに、母親と父親が相次いで亡くなってしまいました。

そこで、男ばかりの五人兄弟の末っ子だったキエは、その日から、料理を担当することになりました。兄たちは全員、外で働いていたからです。

母親が料理していた記憶をたどってヤサボノをつくってみるのですが、同じ味にはなりません。材料を鍋に入れて煮込むだけに見えて、なかなか奥が深い料理なのです。

キエは努力しました。小さいころから、創意工夫をするのが好きでしたし、母親が料理をつくっているのを毎日眺めていたことも役立ちました。

次第に、かれがつくるヤサボノは、母親の味に近づいていきました。

はじめて兄たちから「ミミンの味だ」と言ってもらったときのうれしかったこと！

「ミミン」とは現地のことばで母親を意味します。いわばおふくろの味です。久しぶりに見る兄たちのにこやかな表情に、キエは大きく心を動かされました。人がおいしいものを食べている表情を眺めることがこんなにも幸せだなんて！

「そうだ！　大きくなったら、ヤサボノをみんなに食べてもらう食堂をつくろう」

十一歳のキエは強く思いました。


十五歳になったキエは街へ働きに出ることになりました。

市場で荷物を運ぶ仕事です。月々の給料は決して多くはありませんでしたが、節約してお金を貯めました。自分の食堂をつくるためです。

そして、七年が経ち、とうとう念願の食堂を街のはずれの小さな丘に開店することを決めました。

「これは」という物件が見つかったからです。それは、お金持ちが別荘にしていた建物で、使わずに一〇年以上放置されていたものでした。

多くの人は、丘の上に店を出すことに反対しました。

「わざわざ丘の上の店までお客さんは来ないよ」と。

丘の上にはクルマが通れる道路もなく、歩いて登るしかありません。街の中心部からは二〇分くらいかかります。電話もひくことができません。夜は真っ暗になってしまいます。

たしかに、商売をするのに適した場所ではありませんでした。


しかし、キエには確信がありました。

おいしいヤサボノ料理を出せば、少しくらい不便な場所でもきっとお客さんは来てくれると。ヤサボノはその国の代表的な家庭料理だったので、家庭で食べるものとされ、専門の食堂はほとんどなかったからです。

別の理由もありました。街なかに店を出すには、お金がかかります。一等地に店を出そうとしたら、少なくともあと五年以上、荷物運びの仕事をしなければならない計算でした。そこまで待てなかったのです。

でも、それ以上に大きな理由がありました。

キエはこの丘が好きだったのです。夜になると満天の星が見えるのも、生まれた村と同じでした。

一〇人も入れば満員になってしまう小さな店でしたが、念願の食堂を持つことができて、キエは天にも昇るような気持ちでした。


店ができると、珍しいもの好きな街の人たちが食べにきました。

かれらの多くは自分の家以外でヤサボノを食べるのははじめての経験です。

かれらはひと口食べただけで驚きの声をあげました。自分の家のヤサボノに比べてとてもおいしかったから。

一度来たお客さんたちは、「あのヤサボノは一度食べたほうがいい」と街で噂を流してくれたため、店は繁盛しました。みんなわざわざ丘の上の店にやってきてくれました。

キエは、朝早くから夜遅くまでヤサボノをつくり続けました。どんなに働いても、まったく疲れを感じません。お客さんが「おいしい」と言ってくれる笑顔が何よりの励みになっていたからです。

知らない間にお金もかなり貯まりました。かれはとても幸せでした。

そんなある日のこと。

キエはいつものように、街にある市場まで食材の買い出しに出かけました。

かれは食材にはこだわっていました。もちろん調理によっても味は変わってきますが、やはりヤサボノにとって食材はいのちです。市場の中でも、いちばん信頼ができる店から食材を仕入れていました。それはンゴロの店でした。

ンゴロは、キエのいちばん上のお兄さんくらいの年齢で、愛想はよくありません。しかも、ンゴロの店はほかの店より、少し値段が高いのです。それでもキエは、ンゴロが扱う野菜や肉の品質をとても信頼していたので、ほかの店で買うことはありませんでした。

その日、ンゴロの店の近くまで来て、キエはあることに気づきました。

いつもと人の流れが違うのです。

この市場は、街の中心にあり、いつも人でにぎわっています。出入り口はいくつもあり、ふだん、人の流れはバラバラです。

なのに、その日はなぜか、ある出口へ向かっていく人が多かったのです。

よく見るとその出口の先には列までできていました。列の最後尾が市場まで入り込んでいたのです。

「今日は何かあるんですか？」

キエはンゴロにたずねました。

「ああ、今日、あの先に大きなレストランができたんだ」

「レストラン？」

キエは思わず聞き返しました。

レストランということばは、お話の中では読んだことがあります。けれども、実際に見たことはありませんでした。

レストランといえば、「食堂」の何倍も大きくて、何倍も高級です。そんな店がこの街にできるなんて。

「どんな料理が食べられるんですか？」

「なんでもあるみたいだぜ。世界中の料理が食べられるんだってさ」

「世界中の料理？」

ヤサボノをつくるだけでも四苦八苦しているキエには、とても想像がつきません。

「外国だけじゃないらしい。おれたちの家でつくるような、たとえばヤサボノだっておいてるらしいよ」


ヤサボノ！

それを聞いて、キエは胃から苦いものが込み上げてくるような気分になりました。

「なあに。物珍しいから行列になっているだけさ。一週間もすれば飽きるに決まっている。街の人間は新しいもの好きな動物だからな」

ンゴロは、そう言うと、食材を袋に入れてくれました。

ぼくの店はだいじょうぶだろうか……。

キエは、多くの食材と少しの不安をかかえて丘へ帰りました。

そして、その日から、食堂のお客さんは徐々に減りはじめていったのです。

2

一〇日ばかり経った日曜日。朝から雲ひとつない気持ちのよい天気でした。

こんな日は、家族連れが数多くやってくるものです。なので、キエは、いつもより、多めのヤサボノをつくっていました。

ところが、もう昼どきだというのに、お客さんはひとりも現れません。

いったいどうしたんだろう?

街で何か事件が起こったのだろうか?

心配になったキエは、ラジオをつけました。

しかし、とくに大きな事件があったわけではなさそうです。それなのにどうして、みんな、丘の上に登ってこないんだろう?

不安はますます大きくなっていきます。

外を見ると、それまで晴れていた空が急に怪しくなってきました。徐々に風も出てきました。やがて雨が窓を打ち、風はピューピューと音を鳴らしはじめました。山の向こう側では雷がとどろいています。

ラジオからは、どこか遠くのアジアの国が、大きな災害にみまわれてたいへんなことになっているというニュースが報じられていました。

遠い国のことなのに、キエは心がざわつくのを感じました。それは街に新しくレストランができたと聞いたときに感じた気持ちと、どこか似ているような気がしました。

その夜、キエは久しぶりに小さいころの夢を見ました。

畑仕事を一生懸命手伝っている夢。兄たちと遊んでいる夢。地面に絵を描いている夢。母親が料理をする姿を隣で見ている夢。いたずらをして父親に叱られている夢。ひとり広場で空を見上げている夢……。いろいろな感情が波のようにこみ上げ、身体中を駆けめぐると、耐えきれずに目が覚めました。

雨はすっかり止み、風もおさまっています。月の明かりがキエの顔を穏やかに照らしていました。けれども、その光の中で、キエはつぶやきました。

「このままで、だいじょうぶなのだろうか？」

再び眠りにつこうとしましたが、朝まで眠れませんでした。


翌朝、キエは店を閉めて、街へ下りました。

このまま不安をかかえて毎日を過ごしていてもしかたない。まずはあのレストランに行ってみよう。どんな料理でどんな味なのか確かめてみようじゃないかと、思ったのです。

まだ開店前だというのに、レストランの前には行列ができていました。

三〇分後、ようやく店に入ることができました。

店に入ると、あまり見たことがない種類の服を着た女性が現れ、質問します。

「こんにちは。ジョニーズにようこそ。一名さまでいらっしゃいますか？」

キエはあわててうなずきます。

彼女は席まで案内してくれました。レストランに入ったのははじめてだったので、ちょっとドキドキです。店内は広くキレイで、どの席にもお客さんがいました。

席に座ってきょろきょろとまわりを見回していると、また別の女性が現れました。先ほどの女性と同じ服を着ています。どうやらそれが店員のしるしのようです。

「いらっしゃいませ。メニューでございます。ご注文が決まったころ、おうかがいいたします」と言うと、今度の女性も去っていきました。

もらったメニューを開いて、びっくりしました。そこには、キレイな料理の写真がいっぱい載っていたからです。まるで世界中のすべての料理が揃ったかのようでした。ステーキやスシまであります。

そして、ンゴロが言っていたとおり、ヤサボノもありました。値段はキエの店とほとんど同じです。でも、キエの店のものよりかなり豪華に見えました。

やがて、二番目の女性がもう一度現れ、注文を聞きました。もちろん、ヤサボノを注文しました。料理が運ばれてくるまで、心の中で祈っていました。

「どうかうちの店のヤサボノよりおいしくありませんよーに」と。

自分がおかしなことを祈っているのはわかっていました。

運ばれてくる料理が、おいしくないことを願うなんて。

すぐに目の前にヤサボノが運ばれてきました。

写真と比べると分量が少なく、そんなに豪華に見えません。これならうちのヤサボノと見た目は変わらない。少し安心して、スプーンでヤサボノを口に運びました。

ふつうの味でした。おいしいといえばおいしいし、何かが足りないといえば足りないような気がしました。

キエは、自分の店のヤサボノのほうが味では圧倒的に勝っていると思いました。

しかし一方で、多くの人は、その違いに気づかないかもしれないのでは、とも思いました。なんとも複雑な気分です。

キエの店では、高い材料を使って、ヤサボノだけを長い時間かけてじっくりつくり続けています。それに対して、この店にとってのヤサボノは、数あるメニューのうちのひとつです。きっとさほど丁寧にはつくっていないに違いありません。

どうやら材料にもそんなにこだわっているようには思えない。それなのに、それなりにおいしいヤサボノなのです。

損をしているような、なんともいえない気持ちになりました。

かれはまわりを見回しました。いろいろな人たちがいろいろな料理を食べていました。みんな、レストランで食事をしていることを晴れがましく思っているような表情です。この店に来れば、ヤサボノだけでなく、世界中の料理が食べられる。おまけに値段も思ったほどには高くない。

小さな不安がみるみる危機感に変わっていきました。

これは放っておいたらお客さんをとられてしまうかもしれない。早く、何か手を打たなければ……。

キエは、直感的にそう思いました。でも、どうしたらいいかまではわかりませんでした。店を出たキエは、街をさまよいました。とてもすぐに丘の上に帰る気持ちにはなれなかったのです。

のんびりと散歩をするのは久しぶりのことです。

路上で寝そべる猫は日向ぼっこを楽しんでいます。大きく伸びをして気持ちよさそうです。キエは猫がうらやましくてたまりませんでした。

どこからかパンの香ばしい匂いが漂ってきます。

匂いに吸い寄せられるように路地裏に入ると、小さなパン屋さんがありました。

店のドアや窓という窓はすべて開け放たれています。焼きたてのパンの香りで店の存在を道行く人たちに知らせるためでしょうか。店内にはそれに誘われたのか、お客さんがたくさんいました。

時計を見るともうすぐ三時。もしかしてこの時間を狙って窓を開けているのかもしれない。キエはそんなことをぼんやりと考えました。

そのとき、後ろから誰かに肩をたたかれました。

振り向くと、ジャケットを着てネクタイを締めた男が立っていました。この国ではあまり見かけないファッションです。

「丘の上の食堂のオーナーですね？　わたくしはこういう者です」

男がカードを差し出したので、キエはそれを受け取り読みました。そこにはかれの名前らしいガリブという文字と見慣れないことばが書かれていました。

ガリブは、キエの心を見透かしたかのように言いました。

「それは経営コンサルタントという意味です」

「経営コンサルタント？」

「簡単にいうと、あなたのお店を助ける救世主です」

キエはガリブをじっと見ました。

ガリブは四〇歳くらいで、でっぷりと太っていました。この国で太っているということは、仕事ができて成功していてお金持ちだという証拠です。

「以前、おたくのお店にうかがったことがあります。おいしいヤサボノですよね」

「それはどうも」

ほめられて悪い気はしませんでしたが、かれが客として店にやってきたことをどうしても思い出せませんでした。

「失礼ですが、いろいろと調べさせていただきました。このままですと、あのレストランにとられた客が、あなたのお店に戻ってくることはありませんよ」

この男はなぜ、自分の心配を知っているのだろう？

少し気味が悪くなったのと同時に、かれに対して興味がわきました。

「わたしに任せてくれれば、キエさんの店はもう安心ですよ」

そう言うと、ガリブは人なつっこそうに笑いながら、キエの肩をポンポンとたたきました。そして耳元でささやきました。

「ここだけの話、このパン屋も、わたしがコンサルティングしたのですよ」

あらためてパン屋のほうをもう一度見ました。

お客さんと話している店主は、とても幸せそうに微笑んでいました。

「すぐそこがわたしのオフィスです。ちょっと寄っていきませんか？」

キエの気持ちは大きく傾いていきました。

ガリブのオフィスは、キエがいままで足を踏み入れたことのないような場所でした。

そんなに広くはありませんでしたが、立派なソファにテーブル。壁一面に造りつけられた棚は、すべて本で埋まっていました。

パソコンと呼ばれる機械も何台か置いてあります。その機械があれば、インターネットという魔法を使って世界中の情報が手に入るらしいのです。

「キエさん。これらは、わたしがコンサルティングした店です」

ガリブがパソコンを操作すると、画面にいくつかの店の名前と写真が浮かんできました。この街では、誰もが知っている繁盛している店ばかりです。

やっぱりガリブはすごい人なんだ。

オフィスと実績に圧倒されたキエは、すっかりかれを救世主だと思いはじめました。そして、その場で契約を結ぶことにしました。店の経営のコンサルティングをしてもらう代わりに、毎月、三万ヤンに加えて売上げの一〇%を支払うという契約でした。

「ほんとうだったら、最低でも月三〇万ヤンはいただくことになっていますが、キエさんは特別です」

ガリブのそのことばを聞いて、キエは決断したのです。

ガリブといっしょに店に戻ったキエは、売上げや原材料の値段を書いたノートを広げて計算を始めました。

「ヤサボノをできる限り値下げしましょう」と提案されたからです。

キエは、それまでおいしいヤサボノをつくってお客さんに食べてもらうことだけを考えてきました。値段も原価に適当な利益を乗せただけです。それでもお客さんは来てくれていました。

しかしもう、そんなことを言っている状況ではないのです。

やがてキエは、ギリギリの金額を出しました。それは、いままでよりも二割ほど安い金額でした。一食八〇〇ヤンだったヤサボノを六五〇ヤンにするつもりです。

原価は変わらず、しかもガリブへ売上げの一〇％を支払うので、儲けはわずかになってしまいます。

しかし、その金額を見たガリブは首を横に振りました。

「これではインパクトがありません。きりよく五〇〇ヤンにしましょう」

「ちょっと待ってください。それでは原価ギリギリです」

「じゃあ原価を下げてください」

「でも……」

「調べてみましたが、材料費にお金がかかりすぎていますね。もっと安い材料を使うことができるでしょう?」

「そんなことしたら味が……」

「だいじょうぶ。微妙な味の違いなんてほとんどの人にはわかりません。でも値段が安いことは誰にでもわかる。ビジネスはわかりやすくなくちゃいけない。五〇〇ヤンでヤサボノが食べられると知ったら、お客さんはもっと喜びますよ!」

キエは驚きました。いままでそんな考え方をしたことがなかったからです。

お客さんがおいしそうに食べていたから、きっと喜んでくれているはずだと思い込んでいたのです。でも値段が安いと、お客さんはもっと喜ぶんだ!

さすがコンサルタントです。

キエはガリブの言うことを聞いてみようと思いました。

ひょっとしてほんとうに救世主かもしれない。

翌日、キエは食材を買いつけに、街の市場まで行きました。いつもならば、真っ先にンゴロの店に向かうのですが、今日ばかりはいろいろな店を見てまわりました。ヤサボノを五〇〇ヤンで売るには、原価は三〇〇ヤン以下に抑えなければなりません。材料費を節約するしかないのです。

そこで、煮込むとあまり味がわからなくなる野菜を切り詰めることにしました。安い店で大量に野菜を買いつけました。そしてその後、ンゴロの店に行きました。

「今日は肉だけでいいんだ」

キエはできるだけ平静を装ってそう言いました。それでも、口が渇いて舌がもつれそうになりました。

ンゴロは、キエがかかえている野菜をチラッと見ましたが、何も言わずに肉を袋に入れました。

後ろめたい思いをかかえながら店に戻ったキエは、さっそく料理の仕込みを始めました。材料を節約した分だけ、せめて丁寧につくろうと思いました。

ちょうどできあがったころにガリブが訪ねてきました。

キエはできあがった料理を食べてもらうことにしました。

「おう。うまい、うまい。味はほとんど変わらない。これで五〇〇ヤンだったらみんな驚くよ。これなら繁盛間違いなしだ」

キエはほっとして、微笑みました。

こんなふうに気持ちが晴れ晴れとしたのは久しぶりでした。

「で、キエさん。広告の件なんだけど」

「広告?」

キエは聞き返しました。

広告ということばは聞いたことがありましたが、自分に関係があるとは思っていなかったのです。

「喜んでよ！　チラシと街での看板を合わせて一〇万ヤンでできるように交渉してきてあげたよ」

なんのことだかわかりませんでした。

「それってどういうことですか？」

「何言ってるの。せっかく安くしても、新しいメニューをつくっても、こんな丘の上の店、広告しなきゃ誰も気づかない。だからみんなに知らせるんですよ」

「一〇万ヤンで？」

「そう。安いでしょ？」

キエにとって一〇万ヤンは大金です。お店が繁盛していたころ、一ヵ月に一〇万ヤンもの利益を上げたときは、とても喜んだものです。その金額を広告に……？

「キエさん。これは先行投資だよ。これくらいの金額、あっという間に取り返せる。勝負かけなきゃダメだよ。ほら、もうチラシのデザインも考えてきてあげたんだよ」

ガリブはそう言うと、パソコンを操作して、ある画面を見せました。

それは、カラーで美しく彩られたキエの店の広告の見本でした。

『ヤサボノ新価格五〇〇ヤン！』と大きく書かれた文字。キエの写真も載っています。

たしかにこれを見たら、つられてお客さんはやってくるかもしれない。

そう思って、一〇万ヤンは大金だけれど、キエは払うことを決心しました。

数日後、チラシが街でまかれました。キエは祈るような気持ちで待っていました。ガリブに言われたとおり、いつもの倍以上のヤサボノをつくって。

その日は、朝からいまにも雨が降り出しそうな曇り空でした。

こんな日はあまりお客さんが来ないのを経験上知っています。

ほんとうにこんなにたくさんのヤサボノをつくってだいじょうぶなんだろうか？

捨ててしまうことになるのではないだろうか？

不安は増すばかりです。

開店時間になり、店を開けようとしたとき、太陽の光がすーっと差し込んできました。

そして、信じられないような光景が目に飛び込んできたのです。

すでに店の前には三〇人ほどの行列ができていました。

あわててお客さんを招き入れると、料理を準備しました。

最初に食べ終わったのは、いままで見たことのないお客さんでした。

かれはお金を払うとき、「安いね。でもおいしい」とうれしそうに言って帰りました。

そのひとことにキエは救われた気持ちになりました。

天気もいつの間にかもち直していました。


お客さんは次から次へとやってきます。どんなに繁盛していたときでも、お昼どきを過ぎれば客足は少し落ちるのですが、今日はそんな気配もありません。

夕方、とうとうヤサボノがなくなってしまいました。

いまから買い出してつくっても夜には間に合いません。それでもお客さんは途切れません。キエはしかたなく店の前に立って、来てくれたお客さんに頭を下げ続けました。

店の営業時間が終わるころ、ガリブがやってきました。

「どうだい?」

ガリブは誇らしげに言いました。

「すごい効果です。夕方、ヤサボノがなくなってしまいました」

「明日はもっとたくさん仕込んでおくんだな」

「はい」

朝から休みなしで働き、お客さんにも頭を下げ続けたので、クタクタでした。

一方で、とても充実した気持ちになっていました。


翌日もお客さんはたくさん来ました。ガリブに言われたとおり、たくさん仕込んであったので夜までヤサボノはもちました。

そして、その翌日も同じ。

キエは確信しました。ガリブは救世主なのだ、と。

小さいころ、どこか遠い国の救世主のお話を聞いたことがありました。

救世主は、病気の人に触っただけでその病気を治したのです。

まさにガリブのようではありませんか！

3

それから一週間、キエはわき目もふらずに働き続けました。

利益は少ないものの数が出るので、それなりの儲けになります。

充実した一週間でした。この調子でいけば、あと一週間もすれば広告代も取り戻せそうです。ところが……。


その日は天気のいい日曜日でした。

こんな日はふつうでもたくさんのお客さんがやってきます。ましてや値下げしたのだから、すごいことになるかもしれない。

キエはいつもよりかなり多めの量を仕入れて準備万端で待ち構えていました。

ところが、開店時間をとっくに過ぎ、お昼になってもお客さんは現れません。

いったいどうしたんだろうと思っていると、そこへガリブがすごい勢いで飛び込んできました。額にはうっすら汗をかいています。

「いらっしゃいませ。ガリブさん」

キエは笑顔で迎えました。

しかしガリブはキエには目もくれず店内を見回しました。

「やっぱり。思ったとおりだ」

ガリブは、深くうなずきながら言いました。まるで自分で自分を落ち着かせようとしているようです。

「何がやっぱりなんです？」

キエは聞き返しました。ガリブのようすがいつもと違うことが気がかりでした。

「キエさん、街のレストランが対抗してきました」

そう言うと、ガリブはカバンから一枚のチラシを出しました。それは、街のレストランのチラシでした。

なんと、この間まいたばかりのキエの店のチラシとそっくりです。

大きな文字で、『ヤサボノ大幅値下げ！』と書かれていました。

「ヤサボノが四〇〇ヤン？」

キエは目を疑いました。しかも写真のヤサボノは前に見たより量が増えています。

驚いてことばを失っていると、ガリブが追い打ちをかけました。

「さっき偵察に行きましたが、すごい行列ができていましたよ！　チラシも街中、いや隣街にもまかれています。どうやらキエさんの店を意識しているみたいですよ」

「え、ぼくの店を？」

キエは小さな自分の店が、あの大きなレストランに目をつけられているなんて思いもしませんでした。

ぼくの店ではヤサボノしかつくっていないのに。いったいどうして……？

するとガリブは、安心させるように穏やかに言いました。

「だいじょうぶ。値下げ競争は想定内ですよ。ただ、ちょっとばかり動きが早かったけどね。向こうにも優秀なコンサルタントがいるのかもしれませんね」

そう言うと、手帳に何やら書き込みました。

「次は、どうすればいいのですか？」

キエはすがるように聞きました。

ガリブならこのピンチも救ってくれるに違いないと信じていたのです。

「簡単です。もっと値下げをすればいいんですよ。三〇〇ヤンはどうでしょう？」

ガリブは平然と答えました。

思ってもいなかった提案でした。

五〇〇ヤンにするのにどれだけ苦労したか、知っているはずなのに。

「キエさんの考えていることはわかりますよ。『三〇〇ヤンなんて値段をつけたら原価割れで赤字になってしまう』でしょ？」

図星でした。

「人間は思い込みが強い生き物です。原価はこれだけかかるものだ、という思い込みをはずしてください」

「思い込み？」

「そうです。おいしいヤサボノをつくるにはこれだけのお金がかかるという思い込みです。そんなものは神さまが決めたものじゃない。本気で考えれば必ず打開策が見いだせるはずです」

キエは何も言い返せず、黙ってしまいました。

言っていることはわかるけれど……。

「原価を下げることは味を落とすということではありませんよ。考えてみてください。高い材料を使っておいしい料理をつくることなんて誰だってできます。いかに安い材料でおいしい料理をつくれるかが、料理人の腕の見せどころじゃないですか？」

たしかにそのとおりかもしれない。でも、具体的にどうすれば……。


「ちょっとこれを試してみてください」

ガリブは白い粉が入ったガラスの小瓶を見せました。

「これは魔法の粉です。一皿に小さじ一杯ほど入れるだけで、味がぐーんとよくなるんですよ」

「魔法の粉？」

「そう！　これがあれば味の心配はいりませんよ。キエさんのために手に入れておいたんです」

魔法の粉なんて、ほんとうなのだろうか。キエは小瓶をしげしげと見つめました。

「もしかして疑っています？」

「あ、いえそんなつもりは」

「疑うのは結構。でも試しに使ってみてください」

ガリブは小瓶をテーブルの上に置きました。

白い粉は、窓から差し込む太陽の光を浴びてキラキラと輝いています。

これがほんとうに魔法を起こして味をよくしてくれるのであれば、どんなにいいだろう。

キエはお客さんが「おいしい。おいしい」と言って食べてくれている姿を想像しました。

「わかりました。使ってみます」

「よし！　じゃあさらにもうひとつインパクトをつけましょう」

「インパクト？」

「客にもっと強い印象を残すんです」

キエはガリブの言っている意味がよくわからず黙っていました。

「いいですか？　たとえば、いま、ヤサボノが三〇〇ヤンになっても、客はもうあまり驚かないかもしれない。でもそれに何かおやつのようなものをプラスし、セットで三〇〇ヤンになっていたらどう思います？」

「……驚くかもしれませんね」

三〇〇ヤンでおやつまで食べられたら……。きっとお客さんはかなり得した気分になって喜ぶだろう。でもそんなこと、できるんだろうか。

「そうやって客を驚かし続ければ、商売繁盛は間違いなしですよ。よい意味で客の期待を裏切るんです。おっと、お金のことは考えずに。あとはぼくに任せておいて、キエさんはおやつを考えておいてくださいね」

ガリブはそう言うと、事務所に戻っていきました。

キエはガリブを見送ったあと、自分も街へ下りました。

いつも買う中心部の市場ではなく、街のはずれにある小さな市場に向かいました。

活気がなくひっそりとしている市場。そこは、人々の間で闇の市場と呼ばれていました。質のあまりよくない肉や野菜がとても安い値段で売られているからです。

以前のキエなら、絶対にこの市場で食材を買おうとは思いませんでした。

しかし、いまはそうせざるを得ない状況。なんといっても店の存続がかかっているのですから。

キエはできるだけ人に顔を見られないように気をつけながら、そそくさと買い物をすませました。自分が悪いことをしているような気持ちがいやで、早くこの場を去りたかったのです。

一瞬、ンゴロのことが頭に浮かびましたが、もう考えないようにしようと決めました。店のためです。もうどう思われてもかまわないという、少し投げやりな気持ちもありました。

とにかくお客さんが来てくれないことには、店はつぶれてしまうのですから。

食材を買って店に戻ると、キエは仕込みを始めました。野菜を切るたびに思いを込め、できるだけ丁寧につくりました。

できあがったヤサボノを、おそるおそる味見しました。

どんなに丁寧につくっても、やはり味は少し落ちています。ヤサボノは、素材の味がそのままに出る繊細な料理なのです。

お客さんに気づかれてしまうかもしれない。

いや、たとえ気づかないとしても、このまま出すことは料理人としてのプライドから考えると、許されないことです。

キエは魔法の小瓶を手にとりました。

そして、震える手で小さじ一杯ほどの量の白い粉を鍋に入れました。どうか味がごまかせますようにと願いながら。

同時に、キエは最低な願いをしている自分を軽蔑しました。

そして、ドキドキしながら味見をすると……。

おいしい！

さっきとは比べものにならないほど、味が変わっていたのです。

キエは胸をなでおろしました。

これなら安い食材を使ったことがばれない。店で出すことができそうだ。

やはりガリブが言うとおり、ほんものの魔法の粉なんだ！

キエはガリブを疑った自分を恥じました。

これなら三〇〇ヤンにしても、たくさん売れれば、なんとか利益が出せそうです。一皿あたりは少ない利益でも、あせらずに時間をかければ、やがて確実な利益を生むことができるだろう。


しかし一方で、心の奥底で何かひっかかるものを感じていました。

それは針の穴ほどの小さなものでした。

キエは、それ以上あまり深く考えないようにしました。

次の日。

さっそくキエはガリブを訪ねて、ヤサボノがおいしくできたことを伝えました。

「ね！　言ったとおりすごい粉でしょ」

ガリブは魔法の粉がなくなったらまた持ってきてくれると約束してくれました。

新たな広告の準備も含め、値下げは一週間後にすることになりました。


とにかくひとりでも多くの人に来てもらい、リピーターになってもらうことが目標です。

一週間後に向けて、魔法の粉がどの分量だといちばんおいしくなるか、何度も何度も実験を重ねました。

実際、小さじ一杯ほどより一・五杯のほうがおいしかったからです。でも、三杯だと野菜の旨味を殺してしまいました。

また量だけでなく、粉を入れるタイミングも研究しました。タイミングで微妙に味が変わることがわかったからです。

前半がいいか中盤がいいか、または最後がいいか。時間を正確に計り記録しました。

とても手間がかかりましたが、苦には感じませんでした。

まるで遊びに夢中な子どものようにただ料理をしている時間が楽しかったからです。


時間はあっという間に流れました。

値下げの前日、ついにいちばんおいしくなる分量とタイミングを見つけました。

しかし、ほっとしている暇はありません。ヤサボノといっしょに出すお手製のおやつも考えなければならないのです。

おやつは、キイチに決めました。ヤサボノと同じく、一般的な家庭の手づくりおやつです。とうもろこしの粉に果物をつぶして卵と混ぜて焼くだけの簡単な食べものです。

さらにハチミツを入れると甘味が増しておいしくなりますが、今回は値段の関係であきらめました。

キエも兄たちも、キイチが大好きでした。

ミミンのことを思い出しながらつくりました。

兄と取り合ってケンカしたこと。もっと食べたくて泣いてミミンを困らせたこと。

ミミンが自分の分をキエにくれたこと。

あのころは自分がこうしてキイチをつくる日が来るなんて想像できたでしょうか。七年間続けた荷物運びの仕事は決して楽ではありませんでした。しかし、一度も休んだことはありませんでした。

キイチが焼き上がると、先につくっておいたヤサボノの隣に並べました。二つを合わせて三〇〇ヤンで食べられるお店なんてどこにもありません。


チラシは前回以上にたくさん配ることにしていました。あの経験で、先行投資が大事だということを学びました。お金はさらにかかりましたが、ガリブに任せているので安心です。きっとうまく考えてくれているはずです。

お店が繁盛するにはおいしい料理だけではダメ。大事なのは宣伝と値段なのだと教えてもらったのです。

運命の日は刻々と近づいていました。

4

夜明け前。キエは早く起きて丁寧に仕込みをしました。

外はまだうす暗く静かです。こんなに早く起きているのはキエと小鳥ぐらいです。

厨房はヤサボノの匂いで満たされていました。キエはそっと窓を開けると、この匂いが街の下まで届いてくれることを願いました。

夜が明けるころには、ヤサボノの香りはキエの思いとともに、丘の上を優しく包み込みました。


いよいよ開店時間になりました。

キエは大きく息を吐いて、また吸い込みました。

きっと忙しい一日になるに違いない。

いや、今日だけじゃないだろう。これだけの料理が三〇〇ヤンで食べられることを知ったら、明日はもっともっとすごい人が押し寄せるだろう。

明後日も、明々後日も、ずっとずっと続くんだ。

でも、ぼくはがんばらなければいけない。


自分にそう言い聞かせたキエは、思い切ってドアを開けました。

「いらっしゃいませ」という声が出かかって止まりました。

なんとそこには、ひとりのお客さんもいなかったのです。

いたのは黒猫一匹。

黒猫は物欲しげに「ニャー」と鳴いて足にすり寄ってきました。

たまに店にやってくる猫でした。ヤサボノが余ったとき、こっそりあげることもありました。今日も匂いにつられてやってきたのでしょう。

しかし、いまのキエに猫の相手をしている余裕はありません。シッシッと邪険に追い払うと、もう一度、店の前の道を見ました。

まさか誰もいないなんて……。

いったい、どういうことだ？

何がなんだかわかりませんでした。あんなにチラシを配ったのに。なけなしのお金をはたいて宣伝したのに。いったい何がどうなっているんだろう？

呆然としたまま、キエは椅子に座りこんでしまいました。

きっと夢に違いない。そのうちお客さんもどっと現れるはずだ……！


しかしその後も、いっこうに夢から覚める気配はありません。ひとりもお客さんは現れないまま、太陽は無情にも西へと傾き出しました。

「ニャー」

またも黒猫がやってきて鳴きました。

よほどお腹が空いているのでしょう。キエの顔をまっすぐ見つめると、真剣な表情で訴えかけてきます。

今日のお客さんは猫一匹。なんてこった。

キエは、厨房からヤサボノをお皿に入れて持ってくると、黒猫の前に置きました。

「ほら、お食べ」

黒猫は待ってましたとばかりに鼻を近づけると、ペロペロとなめはじめました。

「うまいだろ？　一生懸命つくったんだよ」

猫相手に思わず力説してしまいます。

しかし黒猫は、ものの一〇秒もなめると、食べるのをやめました。

そして、キエの顔をしっかり見てもう一度「ニャー」と鳴きました。何かを訴えかけるように。そして、そのまま窓からするりと出ていってしまいました。

猫にまで馬鹿にされたような気分です。


その日は結局、ひとりのお客さんも現れませんでした。ようすを見に来ると言っていたはずのガリブさえも。

街で何か事件でも起きたのかもしれない。

明日の朝、とにかく街へようすを見に行こう。そう決めたキエは、早めにベッドにつきました。悪い夢から早く覚めるように。

次の朝、街が動き出すころ、キエは出かけました。戻ってきてもすぐに店を開けることができるように、仕込みの準備だけはしておきました。

街に、とくに変わったところはありません。みんな、ふつうに歩いています。

しかし、キエだけはすぐに異変に気づきました。あれだけ貼られてあったはずのキエの店のチラシがどこにも見当たらないということに。

その代わりに街中のいたるところにジョニーズのチラシが貼ってあったのです。

キエは貼られてあったジョニーズのチラシの前に行きました。

「特別セール実施中。ヤサボノセット、なんと〇〇〇ヤン。価格は店頭でお楽しみに」

なんてこった！

ジョニーズのヤサボノも値下げしていたなんて！

いったいいくらで提供しているのだろう。

確かめるために、あわててジョニーズへと向かいました。

そこには信じられない光景がありました。

まだランチタイムには一時間以上もあるというのに、すでに長い行列ができていたのです！

「こんにちは！　ジョニーズにようこそ！　こちらが列の最後尾になります」

女性の店員が微笑みながら近づいてきました。

「列が長いので、メニューをご覧になって、ここで先にご注文をお決めください」

「あ、いや、ぼくは……」

キエがことばを発する前に、店員はメニューを渡して去っていきました。

メニューを開くと、真っ先にヤサボノの写真が目に飛び込んできました。

値段はなんと、二〇〇ヤン！　しかもキイチとセットです。

写真で見る限り、キイチにはハチミツがたっぷりとかかっています。

キエは思わず目を閉じました。

どんどん悪夢が続いていく現実に堪えられなくなったのです。

そのときちょうど、若いカップルが行列に加わってきました。

「よかったわね。これぐらいの行列で」

「セールが始まった昨日なんて、この三倍くらいはあったらしいぜ。ラッキーだよ」

「ヤサボノセット、楽しみね」

セールは昨日から始まったこと。昨日の行列はさらにすごかったこと。

なんの救いにもならない情報だけが加わりました。

キエは、メニューをバタンと閉めると、カップルの男に渡し、その場を離れました。一刻も早くガリブの顔を見たかったのです。

この危機を救ってくれる救世主の顔を。

ガリブの事務所にたどりつくと、ドアをノックしました。

丁寧にたたこうと思うのですが、どうしても力が入ってしまって大きな音をたててしまいました。

しばらくするとドアが開き、ガリブが顔を覗かせました。

「なんだ、キエさんか」

ガリブはあからさまにがっかりとした表情で言いました。

なんだ、と言われて、さすがのキエもちょっとムッとしました。

ガリブもそれを察したのでしょう。今度は急に優しい声になって言いました。

「いやいや、そういうつもりで言ったのではないのです。ちょっと重要な知らせを待っていたもので」

「こっちも重要な知らせなんです」

「もちろんわかっています。ジョニーズの件ですね？」

さすがにガリブです。すでに事態を把握していました。

ガリブはキエを部屋に招き入れました。

そして、ソファに座るといきなり切り出しました。

「キエさん、値下げはもうやめましょう。ヤサボノを八〇〇ヤンに戻すのです。その代わり、新しいメニューを開発してください」

「どういうことですか？」

「ヤサボノの豪華版をつくりましょう！」

「それは、いったい？」

「どんなメニューにするかはこれから考えましょう。前と同じ値段で豪華版が食べられるんだから客は喜びますよ！」


「ガリブさん！」

キエはガリブの目をまっすぐ見て言いました。

するとガリブは真顔になって、子どもをなだめるように言いました。

「わかっています。ジョニーズのことですよね。こんなタイミングになって、ほんとうに申し訳ないと思っています」

ガリブがはじめて頭を下げました。

「でもどうしてこんなことが」

「実はですね、向こうにもかなり優秀なコンサルタントがいることがわかりました。でも、キエさんはぼくがついていれば、だいじょうぶですよ！　ね？　だから新メニューを考えてください」

しかし、キエはそんなに簡単には気持ちを切り替えられません。このままいくと店もつぶれかねないピンチだからです。

「ぼくにはもうお金がほとんどないのです」

「だいじょうぶです！　ぼくには実績があります。絶対にうまくいかせる自信があります！」

ガリブは力強くうなずき、右手を差し出し握手を求めました。

しかし、キエはまだ迷っていました。

「キエさん！」

「ほんとうにほんとうに、今度こそ、だいじょうぶなんですよね？」

キエは、いまにも泣きそうなほど真剣な顔でたずねました。

「だいじょうぶ。もう一度いっしょにがんばりましょう。ピンチはチャンスだよ！」

やがて、キエはそっと右手を出し、ガリブと握手をし、新メニューをつくることに決めました。


ガリブの事務所をあとにして店に戻る途中、たくさんのジョニーズのチラシを見かけました。

近づいてよく見ると、その後ろにはもう一枚紙がありました。そっとめくると、ぼろぼろに破られたその紙には見覚えがありました。

それはキエの店のチラシでした。

どうして……？

急いでほかのチラシの裏も調べると、先にあった紙を剥がした跡がたくさんありました。

それから、三日が過ぎました。

客足はすっかり減ってしまったままです。

昼過ぎにガリブが店にやってきました。チラシのことは黙っていました。

ガリブはインターネットで取り寄せたという食材をキエに渡しました。

「ここでは手に入れられない珍しい食材で、ヤサボノをつくってみたらどうでしょう？

それを豪華版として売るんです」

「これをヤサボノに？」

「そう。人は新しいものや珍しいものが好きですからね。希少性が高い食材でつくったヤサボノならきっと売れますよ！」

食材は色も形もどれもはじめて見る珍しいものばかり。

キエは根っからの料理人です。はじめて見る食材にはとても好奇心がわきました。

なかでも、真珠ほどの小さな赤い実に目を惹かれました。

「それは遠い南の島から取り寄せた果実で、現地の人は『赤い真珠』と呼んで薬代わりに食べています」

「薬なんですか？」

「そう、からだにいいんだよ。でも苦くはないですよ」

ガリブは小さなその実をもいでキエに渡しました。

「食べてみて」

甘い！　薬というよりもお菓子と思えるくらいの食感です。

これはいいかもしれない！

キエは久しぶりに胸が躍りました。

「これでヤサボノをつくってみます」

「期待していますよ。また来るよ」


ガリブが帰るとキエは、新メニューを考えました。

お客さんが少ないので、時間はたっぷりあります。しかし、完成を急がないと、店はつぶれてしまいます。

それから一〇日後の夜、ようやく納得のいくヤサボノができました。

世界の珍しい食材を使った豪華版です。

「赤い真珠」もふんだんに使いました。

味も見た目も、とても八〇〇ヤンとは思えないほど豪華になりました。

原価が上がったので儲けはほとんどありませんが、まずはお客さんを呼び戻すことが肝心です。軌道に乗ればたくさん儲けが出るように、次のプランも考えてあるとガリブに言われ、キエは安心していました。


夜が明けると、頭とからだを休めるために外の空気に触れました。

裏の山はちょうど真東。まばゆい太陽の光が丘を守るように包み、キエを照らしました。

木々の間からこぼれる光は泡の粒のようです。

新緑の季節。緑が深く青く輝いています。

キエは深呼吸をして、からだいっぱいに自然を感じていました。

開店時間の前に、ガリブがようすを見にやってきました。

豪華版のヤサボノを味見すると、キエをほめました。

「これはいい。これなら絶対客も飛びつきますよ！」

三日後にチラシをまいて、五日後に新メニューを売り出すことを決めました。

「じゃあ、わたしはこれで」

店を去ろうとするガリブに、キエは言いました。

「もう少しゆっくりされたらどうです？　お客さんも少ないですし、よければランチも食べて行ってください」

頼りになるのはガリブだけのいま、キエはかれと話しているときだけが希望が持てる時間でした。もう少ししゃべっていたかったのです。

「申し訳ないが、これから三件、別の仕事があるんですよ。また初日に来ます。がんばってくださいね！」

「忙しいんですね。おからだに気をつけてください」

ガリブは自分の店だけの救世主じゃないんだ。

そう自分に言い聞かせながらも、キエは少しさびしい気持ちがして、丘を下りていくガリブを姿が見えなくなるまで見送りました。

三日後。

丘の下の街や隣街では大量のチラシがまかれました。

今回は、キエ自身もチラシ配りを手伝いました。

自分もできる限りのことをやりたかったのと、オーナーであるキエが直接配れば、はじめての人も少しは親しみと興味を持ってくれるかもしれないと考えたからです。

二日間、朝から夕方まで一日中歩き回ったので、キエはクタクタでした。とても疲れていましたが、充実感がキエを心地よい眠りへと誘いました。

新メニュー販売の日は、朝から南風が心地よく吹いていました。風がヤサボノの匂いを遠くへ運んでくれそうなくらいに。

不安は少しありましたが、不思議と心は穏やかでした。

準備ができ、窓から外を確認すると、なんとすでに行列ができていました。

店を開けるまでまだ少し時間がありましたが、急いでお客さんを招き入れました。

お客さんはみな、チラシを手にしています。

「いらっしゃいませ！！」

久しぶりに気持ちに張りが出て、心が沸きたちました。

お客さんたちははじめて食べる豪華なヤサボノに、驚きの声をあげました。

とくに「赤い真珠」についてあれこれとキエにたずねてきました。

「南の島では薬として使われているんです」

キエが得意げに答えると、お客さんたちは驚きました。

こんなに甘くておいしいのにからだにいいなんてすごいね、と。


お客さんは途切れることなく次から次へと入ってきます。

キエは休む間もなく働いていたので疲れていましたが、心は満ち足りていました。

店に来てくれたお客さんには、次回利用できる割引券を配布しました。これもガリブのアイデアです。

陽が沈み、一番星が輝き出したころ、ガリブがやってきました。

大きなダンボールをかかえています。

キエは、ヤサボノがすべてなくなったこと、お客さんが次から次へと来たことを伝えました。

からだ中から興奮があふれて止まりません。

「だから、だいじょうぶって言ったでしょ。明日も忙しくなりますよ」

ガリブはそう言うと、ダンボールをテーブルに置きました。

「それは?」

「これだけあれば当分はもつでしょう」

箱の中は「赤い真珠」をはじめとする食材がぎっしり詰まっていました。

「忙しくなると思うからまとめて注文しといたよ。お金はあとでいいから」

やっぱりガリブは救世主でした。

「ありがとうございます!」

「じゃあ、仕事があるから行きますね。今日の調子で明日からもがんばって」

そう言うと、ガリブは帰っていきました。

キエはその夜、久しぶりにぐっすりと眠りにつきました。

5

またたく間にキエの店の評判は街中に広がりました。

食べた人々は口々に、「こんなに豪華で珍しいヤサボノは食べたことがない」と言いました。

どんなに忙しくて疲れていても、そのひとことで疲れは吹き飛びました。

キエは、ヤサボノの店をやっていてよかったと心の底から思いました。

ジョニーズのことは、すっかり頭から消えていました。

キエはひたすら働きました。このままいけばもうすぐ利益も出せそうでした。

そうして、一ヶ月ほど経ったある日のことです。

キエは朝から気もそぞろでした。定期的に食材を届けてくれるガリブが、約束の日から二日過ぎても現れなかったのです。

このままでは今日の分の材料がもつかどうかギリギリでした。

いったい、どうしたのでしょうか。こんなことは、はじめてです。

体調でも崩しているのだろうか。

ガリブはとても忙しいのを知っていたので、キエは心配になりました。

風でカタカタと窓が揺れ、キエはいても立ってもいられなくなりました。

夕方、とうとう「赤い真珠」が底をついてしまいました。

そのとき、またひとりお客さんが入ってきました。

断るしかないと思ったら、それはガリブでした。顔色は青く、やっとのことで丘を登ってきたというようすです。

「キエさん。お待たせしてすみません。ここ数日、ひどい風邪をひいてしまい……」

と、ときどき咳き込みながら言いました。

「だいじょうぶですか？」

「あまりだいじょうぶではなかったのですが、お知らせしなければならない重要な出来事が起こったので、こうやって丘を登ってきました」

重要な出来事？　いったい、なんだろう？

「実は、食材の件で困ったことが起きているのです」

キエは、なんだか悪い予感を抱きました。

「いま、『赤い真珠』が人気なので、とても手に入りにくくなっています。いままでのように、商品を受け取ってから入金というのでは売らないと、生産者が言っています」

「赤い真珠」が手に入らなければ、豪華版のヤサボノはつくれません。そうなれば、せっかく軌道に乗っていた商売がだいなしです。

「ど、どうすればいいんですか？」

「だいじょうぶ。わたしに任せてください。いまさら売らないなんて言わせません」

「よかった……！」

キエは心の底からほっとしました。

「いま、手元にある現金をすべてわたしに預けてください」

「え？」

「前金でドーンと払うんですよ。そうすれば、こちらが上得意だとわかるでしょう」

なるほど。ビジネスとはそういうものなのだ。

キエは、言われるままに、ここ一週間の売上げをすべてガリブに渡しました。

「あと、この書類にサインしておいてください。『赤い真珠』の交渉権をすべてわたしに任せるという委任状です」

文面はむずかしいことばが並んでいるので、読んでもよくわかりませんでしたが、言われるままにサインしました。ガリブに任せておけば悪いようにはしないでしょう。

「これでもうだいじょうぶです。明後日には『赤い真珠』が届きます。明日は久しぶりに休んではどうですか？　このところ、ずっと働き続けていたからキエさんもお疲れでしょう」

「ありがとうございます」

そんなふうに気づかってもらって、キエはちょっとジーンときました。

「ガリブさんこそ、風邪早く治してくださいね」

「これからが本番ですよ。がんばりましょうね」

ガリブはそう言うと、ゆっくり丘を下りていきました。

「お大事に！」

キエはその背中に懸命に声をかけました。


翌日、店を休みにしたキエは、ガリブのためにヤサボノをつくりました。

オボノと呼ばれる病人用の特製のものです。野菜はすり下ろして、煮込む時間を長くします。トロトロに溶けて病人でも食べやすくなるからです。

明日、ガリブが来てくれたら、これを食べさせてあげようと思っていました。

しかし、翌日になってもガリブは現れませんでした。

キエは店を閉めて再びガリブのところへ向かいました。

ガリブのようすが心配なのと、もし食材があるのならそれをもらうためです。

病人にとって丘の上まで来るのはたいへんに違いありません。

キエはガリブのために昨夜つくったオボノを持っていくことにしました。

事務所に行くとガリブは留守のようでした。いくらドアをノックしても気配がありません。カギもかかっています。どうしたものか途方に暮れました。

そのときです。背後から誰かに声をかけられました。

「ヤツの知り合いか?」

振り向くと、背がおそろしく高い、黒い服を着た男がいました。

「ガリブは逃げたぜ。おまえが食堂のオーナーか?」

その目には表情がありません。

キエが声を出せないでいると、男は煙草に火をつけて言いました。

「ヤツは逃げたんだ。おまえが代わりに金を払え」

なんのことだかさっぱりわかりませんでしたが、とんでもないことが起こっているのはわかりました。

男は、ガリブが多額の借金をしていたこと、そしてキエがガリブの代わりに借金を払う契約になっていることを事務的に話しました。

昨日、キエがよくわからずサインした書類がその契約書だったというのです。

男の話の途中から、キエは何がなんだかよくわからなくなっていました。
男のことばにどう反応していいのかも。
ただ、「おまえの店を売ってでも、金は返してもらうからな」という男のことばだけが、
頭の中でこだましていました。

それから店までどうやって戻ったのか覚えていませんでした。
店に戻ったキエは、まっすぐにキッチンに向かいました。
そしてつくりおきのヤサボノを、殴るように、次々とゴミ箱に放り投げはじめました。
寝る間を惜しんでつくった、あんなにも大切なヤサボノを。
ゴミ箱はみるみるヤサボノでいっぱいになりました。
こんなことしちゃいけない。
頭ではわかっていても、自分の愚かな行動を止められませんでした。
心にはさっきの男のことばが刃のように刺さっていました。
すべてのヤサボノを捨て切ってもまだ、気持ちがおさまりません。

今度は調理器具やお皿などを手当たり次第、床に投げつけはじめました。

床は、スプーンやフォーク、割れたお皿でぐちゃぐちゃになりました。

やがてキエは疲れ果て、床に座り込みました。

ふと、古ぼけた鍋が目に入りました。

それは昔、ミミンが使っていたとても大事な鍋です。

キエは震える手で鍋を握りしめ、うなだれました。

夜が明け、朝方になるころ、丘は悲しみに包まれました。


とうとうキエは店を閉めてしまいました。

理由を知るはずもないお客さんは、店が開いていると思って次から次へとやってきましたが、それでもキエは店を開けようとはしませんでした。

とても働く気にはなれなかったのです。材料も底をついてしまいました。

自分がいままでどれだけガリブに頼ってきたのか。

キエは自分が小石ほどの力もない、無力な人間に思えてしかたがありませんでした。
何日も店を開けないので、やがて、お客さんは来なくなってしまいました。
キエのヤサボノを気に入っていたお客さんたちは、とてもがっかりしました。
キエはその間、食事もろくにとらず、閉じこもったまま自分を責め続けました。
疲労もあったのでしょう。
キエはついに寝込んでしまいました。
ふらつくからだをなんとか奮い立たせキッチンに行くと、食事をつくりました。
残っている材料は野菜の切れ端とライスだけです。
つくりながら涙があふれて止まりませんでした。
あんなに泣いたのに、まだ涙が残っていることが不思議でした。
これからどうしたらいいのだろう。
キエは細い糸のような声にならない声でミミンを呼びました。

風だけがその声を聞いていました。
丘の上でキエはひとりぼっちでした。
ふとキエの胸に、男が放ったことばが不気味に浮かびました。
「おまえの店を売ってでも、金は返してもらうからな」
店を売ってでも！
目の前に迫る現実。真っ暗闇にひとり立たされているような気持ちになりました。
寝込んでいる間、ずっと例の男のことばに怯えていました。
でも、あんなに苦労して手に入れたこの店を売るなんて絶対にできない！
キエにとってこの店は、キエ自身なのです。
店がなくなったら生きていけない！　でもどうしたらいいのだろう。
キエは自分の胸に問いかけました。

体調は相変わらずすぐれませんが、食べるものもなくなったので、キエは街へ下りました。行くあてなんてありません。

店を売らずにすむ方法を何度も考えましたが、結局、何も浮かびませんでした。

借金は、とうていキエが返せる金額ではありませんでした。

ただでさえ、先行投資やガリブへの支払いで貯金はほとんど底をついていました。

街へ出ても、人々はキエの姿を見てひそひそと話をするばかりで、声をかける人はいません。広告に写真を載せていたので、街中ですっかり顔を知られていたのです。

「ほらあの人、丘の上の食堂の……」

「腐った肉を入れられて、お腹を壊した人がいるらしい」

「カエルをつぶして料理に混ぜているんだって」

「借金とりに追われているらしい。関わると危ないよ」

心ない人々の好奇な視線やことばがキエを傷つけました。

いったいどういうことでしょう?

いつの間にか、街では根も葉もない噂が飛び交っていたのです。

どうしてこんなことになっているんだ?

いったい、誰がありもしない噂を……？

「よかったらどうぞ」

見知らぬ女の人が声をかけてきて、何かを差し出しました。反射的に受けとると、それはジョニーズのチラシでした。近くに二号店をオープンさせるという告知でした。

繁盛しているようすのジョニーズ。

ガリブのことばを思い出しました。

「向こうにも優秀なコンサルタントがいる」

そのコンサルタントに会ってみたい！

急いで、ジョニーズのほうへ向かいました。

そのコンサルタントが『何か』を知っているかもしれないと思ったのです。

ジョニーズに着き、席に案内されメニューを広げて、驚きました。

なんと、七〇〇ヤンで食べられるという豪華なヤサボノが載っていたのです。

ぼくのヤサボノと似ている！

キエは水を飲んで心を落ち着けると、店員を呼んで豪華なヤサボノを注文しました。

待っている間、店内を観察しました。

新メニューや期間限定メニューは三〇品目を超えるほどになっていました。キエが店を閉めている間、ジョニーズは新しいキャンペーンを次々と打ち出していたのです。

ジョニーズは大人から子どもまで大人気のようでした。

店は混んでいて、前に自分の店に来ていた人もちらほらいました。

みんな、笑顔です。

キエはかれらが自分のヤサボノをおいしい、と言って食べてくれたことを思い出しました。

キエはかれらに見つかりたくなくて、とっさにメニューで顔を隠しました。

何も悪いことなんてしていないのに。

やがて女性店員がヤサボノを運んできました。目の前に置かれたヤサボノは、お皿も盛りつけも、キエの店のものよりとても豪華でおいしそうです。

食材は何を使っているんだろうと思い、スプーンをひと口運んで驚きました。

そう、それはキエが売っていた豪華なヤサボノの味そのものでした。

キエは店員を呼ぶと、ヤサボノについてたずねました。

「このヤサボノはとても甘いね。どんな食材を使っていますか？」

すると店員は一瞬困った顔をして聞き返しました。

「食材、ですか？」

「はい。何を使っていますか？」

「すみません。わかる者を呼んできますので、少々お待ちくださいませ」

そう言うと、店員はあわてて奥に引っ込んでしまいました。

自分の店の料理のことがわからないのが不思議でした。


少し経つと、真っ赤なスーツを着た女性が現れました。

すらりと伸びた足の先には、底が高くとんがった靴が見えました。

何か香りの強い花のような匂いが鼻をさし、キエは胸がドキドキしました。

この女性が店長なのでしょうか。

「ヤサボノについてのご質問ですね。甘みは『赤い真珠』という果実から出ているんです。遠い南の国から特別に手に入れたものなんですよ」

「特別に?」

「ええ。ほかにも世界中の珍しい食材が入っていますよ。ふつうはその値段では食べられないので、お得ですよ」

「それは……すごいですね。ありがとう」

キエは笑顔でお礼を言いました。

しかし、内心は混乱していました。

どうやって「赤い真珠」のことを??

「あの、噂で聞いたのですが、こちらには優秀なコンサルタントがいるのですか?」

思い切ってたずねてみました。

「あら、お客さま、詳しいですね。実はジョニーズのコンサルティングをしているのはわたくし、メラミです。優秀かどうかはわかりませんけど」

メラミと名乗る女性は、ちょっと誇らしげに言いました。

彼女がコンサルタントだったとは！

「ひとつ、うかがってもいいでしょうか？　『赤い真珠』や珍しい食材のことはどうやって知ったのですか？　実はぼくも将来、店を出したいなって考えていまして」

キエは、怪しまれないためにとっさに嘘をつきました。

すると、彼女は急に小声で言いました。

「あなた、丘の食堂のオーナーですよね？」

「え、いや、ぼくは」

キエは驚きました。なんと彼女はキエのことを知っていたのです。

それなのに知らない振りをしていたなんて……。

メラミは魅惑的な笑みを浮かべています。

「わたくしはガリブからあなたの店のことも、『赤い真珠』のこともすべて聞いているわ。かれから情報を買いましたのよ」

メラミはキエの耳元でささやくように答えると、「仕事がありますので」と一礼して去ってしまいました。

キエの頭の中ですべてがつながりました。

値下げのタイミングが重なったのも、ヤサボノの食材がまったく同じだったのも。

やられた！！

悔しくて涙が出そうになりました。

でも、堪えました。こんなところで泣いてたまるか。


店を出ると、外はいつの間にか雨が降っていました。空がキエの代わりに泣いてくれたかのような土砂降りです。

ただ黙々と歩きました。

どこをどう歩いたのか、定かではありません。

雨に打たれて冷たいはずなのに、からだは火照っていました。

途中、誰かに声をかけられた気もしますが、聞こえない振りをして歩き続けました。

丘に登ろうとしたところまではおぼろげに覚えていますが、そこで記憶は途切れました。

6

目が覚めると、キエは自分のベッドに寝ていました。

自分がどうしてここにいるのかわかりません。

起き上がると、テーブルにはヤサボノと水が置いてありました。

湯気が立って、まだ温かい。状況がまったくのみ込めませんでした。

でもお腹はペコペコ。とりあえず考えるのはあとにして、ヤサボノを口にしました。

素朴だけど心に染みる味でした。病人用のオボノとの中間のような味つけ。いまのキエがいちばん求めていた味です。

「誰がつくってくれたんだろう?」

しかし、お腹が満たされると、途方もない眠気が襲ってきました。その威力に抗えず、キエは再び深い眠りに落ちました。

眠っている間はミミンの夢を見ました。

手をつないで広場を散歩している夢です。

ミミンの手は少しがさがさしていたけれど、とても温かくて、キエの心を優しく包み込みました。

再び目が覚めたのは翌朝です。

キエはミミンの手の感触を思い出しながら、自分が倒れてからの記憶を呼びもどそうとしました。おぼろげに蘇ってきたのは、誰かが倒れている自分を抱き起こし、ここまで運んでくれたシーンです。

起き上がって、店の厨房に行くと、テーブルの上に野菜や果実がたくさん置いてありました。冷蔵庫を開けると、そこには新鮮な肉がありました。

「これはンゴロさんの肉だ！」

ンゴロの肉は独自のルートで仕入れているので、市場よりも鮮度がとてもよいのです。
キエには見ただけですぐにわかりました。
でもどうして？
そのとき、記憶がつながりました。
自分をここに運んでくれたのは、ンゴロだったことに。
鍋には自分がつくったものではないヤサボノの残りがありました。
近くに小さなメモ書きが置いてあります。
そこには、「おまえだけのヤサボノをつくれ」と書かれていました。
「ぼくだけのヤサボノ……」
キエは思わずつぶやきました。
ぼくだけのヤサボノって、いったいなんだろう？

キエはンゴロにお礼を言おうと街へ行くことにしました。
ガリブと関わってから、ンゴロの店では食材を買わなくなっていたので、とても緊張していました。どんな顔をして会ったらいいのかわからなかったのです。

それにキエは街では噂の的。

人がたくさんいるところへ行くのも勇気がいりました。

人目を避けてンゴロの店に行くと、ンゴロは男性客と話をしていました。

男性はキエに気づくと、避けるようにそそくさと出ていきました。

その人は、豪華版のヤサボノを何度も食べにきてくれていたお客さんでした。

「あの……」

キエが口ごもっていると、ンゴロが先に口を開きました。

「からだの具合はどうだ?」

キエは深く頭を下げました。

「いろいろとありがとうございました。ご迷惑かけてすみません。でも、どうして来てくれたのですか?」

ンゴロは、嵐の日、雨に打たれてうつろに歩くキエを見かけたこと、気になってあとを追ったことを話してくれました。

「そしたら、道で倒れていたから、店まで運んでやったんだ」

「すみません……。あのヤサボノ」

「おまえを運んで腹が減ったからヤサボノでもつくるかと思ったんだ。なのに、何も材料がないだろ。だから、材料を運んでつくって食べた。余ったから、おまえの分もつくっておいてやったんだよ」

「でも、あんなにたくさんの食材」

「なにしろ腹減ってたから、ちょっと多めに持っていきすぎたかな。勝手に使ってくれていいぜ」

「お金」

「おれが食べたくて持っていったんだ。そんなのいらねぇよ」

ンゴロはそっぽを向いて答えました。キエには、かれの優しさが身に染みました。

自分はあんなにも不義理をしていたのに。

「店はもうやらないのか?」

ンゴロが商品を片づけながらボソッと言いました。

いまのキエにとって、いちばん痛い質問です。

どうしたらいいのか、答えなんて見つかっていません。

「いっそ、店を売ってしまおうかと思います」

勢いに任せて、キエはそう言ってしまいました。

冷静に考えると、それしか手段は残されていないように思ったのです。

「ほんとうにそれでいいのか？」

ンゴロは再び質問を投げかけてきます。


ほんとうにそれでいいんだろうか？

「赤い真珠」も魔法の粉もありません。

材料を買うにも資金がつきています。借金も返さなければなりません。

そもそも、そうした問題が解決したとしても、こんなに悪い噂が立っている店に誰が来てくれるのだろう。

店を売って借金の足しにし、残りのお金は昔のように荷物運びの仕事をして返すしかないのではないか。

キエがそんな思いをめぐらせていると、ンゴロはたたみかけるように言いました。

「あの店とヤサボノはおまえのすべてじゃないのか？」

何も言えませんでした。ンゴロの言うとおりだったからです。

七年間、苦労してお金を貯めたこと、やっと店を手に入れたときのことを思い出しました。

そして、はじめて自分のつくったヤサボノを兄たちに認めてもらったときのうれしかったことを。

「おれは、誰の入れ知恵もない、昔のおまえのヤサボノが好きだったけどな」

ンゴロのことばにキエはドキリとしました。

『おまえだけのヤサボノをつくれ』というンゴロのメモが胸に浮かびました。

「ンゴロさん、メモのこと」

「ことばのとおりだ。自分で考えな」

そう言ってンゴロは店の奥に引っ込んでしまったので、キエはしかたなく丘へ戻りました。

数日後。キエは久しぶりに店を開けました。ンゴロと話して以来、何度も考えました。

そして、やはり自分にはこの店しかないと思ったのです。

店を売らずに、莫大な借金を返す方法も、店を再び繁盛させる方法もわかりません。でもとにかく店を開けておくこと。それがいまのキエにできる唯一のことでした。

人の噂は早いもので、キエが店を再開したことはすぐに街に広がりました。

しかし、一度離れたお客さんは戻ってきませんでした。

たまに来るのは噂好きな野次馬と、物好きな若い客だけでした。

「死んだカエルなんて入れてないですよね？」

かれらはわざとひどいことを言って反応を見ました。

しかし、キエは黙々とヤサボノをつくりました。

ンゴロが置いていってくれた食材を使って丁寧にヤサボノをつくりました。

値段はもとに戻し、魔法の粉はもう使いません。

お金がないので食事を一日一食に減らし、さらに早朝、市場で荷物運びの仕事も始めました。

材料が切れると、ンゴロの店で少しずつ買い足しました。

利益はわずか。それを毎月取り立てに来る男に渡します。

取り立て屋の男はいつも金額が少ないとなじりました。

キエはそのたびに、何度も何度も頭を下げて謝りました。


ある月、男は返済金が少ないとキエを突き飛ばしました。

キエはテーブルの角に頭をぶつけてしまい、その衝撃でつくり置きしていたヤサボノの鍋を床にひっくり返してしまいました。

幸い、ヤサボノは冷えていたのでキエは火傷をしなくてすみましたが、せっかくつくったヤサボノがだいなしになってしまいました。

男は唾を吐いて出ていきました。

そのときです。

見知らぬ老人が店にやってきました。

老人は、帽子をかぶり、長い髭をはやしていました。こざっぱりとお洒落な服を着ています。

「いらっしゃいませ」

キエはゆっくり立ち上がると、何事もなかったかのように老人を迎え入れました。老人は床に散らばったヤサボノをちらりと見ると、何も言わずに席につきました。

「ヤサボノひとつ」

そう言うと黙って葉巻を取り出し、火をつけました。

「つくるのに少し時間がかかってしまいますが、いいでしょうか?」

「かまわない」

「ありがとうございます」

キエは急いで床を片づけると、新しいヤサボノをつくる準備にとりかかりました。できあがると少し緊張しながら、老人の前にヤサボノを置きました。

老人はゆっくりと口に運びました。その仕草はとても上品です。

冷やかしの客ではなさそうなのでキエは安心しました。

ふつうのお客さんが来てくれたのは久しぶりです。

街では悪い噂ばかりなのに、どうしてこの老人は、ぼくの店に来てくれたのだろうとキエは思いました。

やがて老人は食べ終わると、再び葉巻をくわえ、おいしそうに煙をくゆらせました。

「お客さんは、街の方ですか?」

キエは好奇心から老人に話しかけてみました。しかし、老人は答えずに煙の輪をつくって遊んでいます。

話すことが好きではないのかもしれない。

キエは、それ以上話しかけるのをやめ、そっとラジオをつけました。

かれなりの気遣いです。たちまち音楽が店を包み込みました。

気に入ってくれたのか、老人は目を閉じて、聞き入っているようです。
帰り際、老人が言いました。

「ヤサボノはたしかにおいしい。しかし、店はつまらんな」

そのことばはキエの心を突き刺し、忘れることのできないものとなりました。
おいしいけれど、つまらない。
いままでキエは、味のことしか考えたことがなかったからです。
おいしければ、お客さんは喜ぶ。さらに安いともっと喜ぶ。
つまらないってどういうことだろう?

深夜から早朝にかけての荷物運びの仕事は、週に六日あります。
店を閉めてから少し仮眠をとり、夜遅く街へ下りていきます。そして太陽が昇ってくるころ、丘の上へ戻ります。

本来であれば、そこからすぐに店の準備にかからなければいけないのですが、その日、キエはあまりにクタクタだったので、ついベッドで眠ってしまいました。

日を覚ますと、太陽はすっかり真上に昇り、開店時間はとっくに過ぎていました。寝過ごしてしまったのです。

しかし、お昼になっているにもかかわらず、お客さんは誰も来ていません。

キエは投げやりな気持ちになってきました。どうせ店を開けていてもお客さんは来ない。

しかもこの日は借金の取り立て屋がやってくる日。

これまではおとなしく応じていたキエですが、今日はどうしても男の顔を見たくありませんでした。借金のことやつらい現実を忘れてしまいたかったのです。

キエは、素早く着替えて出かける準備をしました。

そう、男が来る前にどこかへ行ってしまおうと考えたのです。

行くあてなんてどこにもありません。それでもここではないどこかに行こうと思いました。残りものやヤサボノを温めてランチボックスに詰めて、水筒とともにリュックサックに入れました。

準備ができると裏口から出て、奥深い森へ向かいました。

知っている道は通らずに、知らない道を進みました。何も考えずに足だけを動かしていると、次第に子どもに戻って冒険をしているような気分になりました。

このままほんとうに別世界へ行けたらいいのに、とキエは思いました。

見知らぬ風景が心を少しだけ軽くしました。

キエは、花や鳥たちに手招きされるように、人気のない道を奥へ奥へと進んでいきました。

歩き続けて、どれだけ時間が経ったのでしょうか。

疲れたキエは樹を背もたれに少し休むことにしました。

あたりには何もありません。気づけば、ずいぶんと山深いところまで来てしまったようです。

キエはリュックを開けて、水筒の水でのどを潤し、お弁当のヤサボノを食べました。

いつも食事は店の中ですませていたので、外の木陰で食べるヤサボノは新鮮でした。草木を揺らす風の音や鳥の声が雨のように静かに世界を満たしました。

外で食べるヤサボノ！

店の外でヤサボノを食べられるようにしたらどうだろうか。

店の外にテーブルを置いたり、お弁当にして売ったり。

街へ売りに出てもよいかもしれない。

もしかしたら、病気や何かの事情で丘の上まで来られない人もいるかもしれない。そういう人たちにはヤサボノを届けてあげればいい。

ジョニーズさえ、そんなことはしていないのだから。

キエは老人のことばを思い出しました。

「おいしいけれど、つまらない店」


だったら、ぼくの店にしかできないことをすればいいんだ！

安くすることも、たくさんチラシをまくことも、高級素材を使うことも、お金があればどんな店でもできる。だけど、どんなにお金を貯めて真似しても、結局はどこにでもある店のひとつにすぎない。

ただでさえジョニーズに目をつけられているのに、いま、どこかの店の真似をしたところでお客さんが戻ってくるわけはないんだ！

老人のことばといつかのンゴロのメモのことばが重なりました。

ぼくだけにしかできないことをするんだ！

それからしばらく景色を眺めていました。

澄み渡る青空。

頬をくすぐる洗い立てのシーツのような風。

すべての生命を持ち上げる、力強く温かい土。

自然と自分がひとつの世界になったように感じました。

やがて立ち上がると、キエは一目散に店に戻りました。

久々にからだに力がみなぎってくるのがわかりました。

ところが、意気揚々と店に戻ったキエは息を飲みました。店の窓ガラスがすべて割られていたのです。

おそらくキエが留守をしていたことに腹を立てた取り立て屋の仕業でしょう。

しかし証拠はありません。あったところで逆に因縁をつけられるのがオチでしょう。

幸い、中は荒らされていませんでした。被害は窓ガラスだけのようです。

キエはガラスの破片を黙々と片づけました。

窓はダンボールとビニールで応急処置をしました。

大切にしている店の無残な姿。

しかし、キエは、それくらいではへこたれませんでした。

片づけが終わると、厨房のテーブルにノートを広げて、先ほど思いついたアイデアを整理しました。

店の外にテーブルをつくること。

ヤサボノをお弁当にすること。それを街で売ること。

ヤサボノをもっとおいしくすること。

誰も買ってくれないのなら、よその街まで行けばいい。

どこかのお店にヤサボノを安く置いてもらって、代わりに売ってもらうこともできるかもしれない。

キエは考えに没頭しました。


お弁当のヤサボノを置いてもらう店はンゴロのところに決めました。

キエが頼みに行くとンゴロはめんどうくさそうでしたが、引き受けてくれました。

「ただし、一〇食だけだぞ」

「ありがとうございます！　助かります」

こうして、一日一〇食の弁当を置いてもらえることになったのです。

こんなことを頼めるのはンゴロしかいません。もしたくさん売れたら、ほかの店にも頼んでみようとキエは思いました。

店の外には、テーブルと椅子を並べました。きこりからいらない木材をもらってつくったものです。料理以外は苦手なキエにはとてもたいへんな作業でした。でも一生懸命につくりました。

天気のよい日に、たまに店に来てくれた貴重なお客さんには、外のテーブル席を勧めました。お客さんたちは誰も断りませんでした。むしろ「自然を見ながら食べるのは気持ちがいいね」と言ってくれました。

キエはやってよかったと思いました。

お客さんに喜んでもらえたのは、とても久しぶりでした。


キエの一日は真夜中から始まります。

深夜から早朝、市場で荷物運びの仕事をして、終わると食材を買い店へ戻ります。

そして、ひと息つく間もなく、その日のヤサボノをつくる準備を始めます。

ヤサボノの準備ができたら、お弁当にしてンゴロのところに届けます。売れ残ったお弁当は、好きにしていいと話してありました。

それを終えると今度は、自分の店を開けます。

お客さんは相変わらずほとんど来ません。

キエは手づくりのチラシをつくることにしました。

一枚一枚、手書きです。みんなにもう一度来てほしくて、一生懸命つくりました。

数日かかって一〇〇枚のチラシができました。街で配ってもほとんどの人に無視されましたが、受け取ってくれる人もいました。

ンゴロにお弁当を届けに行って間もないある日のこと。

もう弁当はやめたほうがいいと言われました。

最初は珍しがって弁当を買ってくれていたらしいのですが、次に来たときには「ヤサボノはやっぱり熱々のほうがおいしい」と言って買わなくなったそうです。

「たしかにヤサボノを弁当にするのはおもしろいが、すぐそこのジョニーズに行けば、温かいヤサボノがいくらでもあるしな」

ンゴロが言いました。

またジョニーズか。

言われてみればそのとおりなので、キエは何も言えませんでした。

次の日から、ンゴロのもとへお弁当を届けることをやめました。近いうちにリヤカーにお弁当をのせて売ってまわろうと考えていたのですが、それもやめました。ンゴロの店に置いても誰も買わないのでは、自分が売ってまわったところできっと売れることはないだろう。キエは、ほかに何かできないだろうかと考えました。


そんなある日の午後、店にお客さんが来ました。

以前来た、あの髭と葉巻の老人です。キエは外のテーブルを勧めました。

「ほう。これは気持ちがよい」

席についた老人はそうつぶやくと、さっそく葉巻に火をつけました。

キエは小さく微笑みながら言いました。

「ここは街中が見渡せる特等席です」

すると、老人はじっとキエの目を見つめて言いました。

「少し何かをつかみかけてきたな」

キエはドキッとしました。

「教えてください。つまらなくない店にするにはどうすればいいんですか?」

キエの真剣な表情に、老人はにやっと笑いました。

「つまらん店と言われたのがこたえたか?」

そのとおりでした。

「この店がつまらないのは、この店だけの物語がないからだ」

「どうすれば物語はできるんですか?」

「まずは店の〝弱み〟を見つめなおすんじゃ。それが売りにつながることが多い。それから、変化を恐れないことだ。青虫を見なさい。自分が蝶に変化して空を飛べるなんて夢にも知らないだろう」

「教えてください。どうすれば、蝶になれるんですか?」

「青虫が蝶になるには、一度サナギになる必要がある。サナギになることは本来めでたいことだ。なにしろ青虫のまま大きくなっても気持ち悪いだけだからなあ」

キエは、巨大な青虫がムシャムシャと葉っぱを食べている姿を想像しました。

「しかし、本人にとってサナギは苦しい。青虫のときのほうがうんと自由だった。なにしろ身動きできないからな。とって食われてしまうこともある。我慢のしどころ、というわけじゃ」

キエには、老人の言っていることの意味がよくわかりませんでした。

「ワシの料理はまだか？」

そう言われて、まだヤサボノを出していないことに気づきました。

あわてて厨房に戻ると、ヤサボノを準備し、老人に運びました。

珍しく続いてお客さんが来ました。

キエは老人ともう少し話がしたかったのですが、ほかのお客さんの準備をしているうちに、老人はお金を置いて帰ってしまいました。

変化を恐れないことだ。
青虫を見なさい。
自分が蝶に変化して
空を飛べるなんて夢にも知らないだろう。
ただ、青虫が蝶になるには、
一度サナギになる必要がある。

7

夕方、材料が切れたので店を閉めることにしました。

今日は久々にお客さんも来たので充実した一日でした。

キエが厨房で洗いものをしていると、玄関が開く音がしました。

もう今日は閉店しましたと告げようと顔を出すと、例の取り立て屋が手下を連れて立っていました。

「この間はよくも約束を破ってくれたな」

キエは恐怖のあまり声が出ません。

「聞いてんのか？」

手下の男は、近くにあった椅子を蹴り倒しました。

「やめてください！」

これ以上、店を壊されるのは耐えられない。キエは必死に訴えました。

そして震える手でレジからお金をかき集めると、小銭をばらばらとこぼしながら差し出しました。

「お、珍しくあるじゃねえか」

取り立て屋は乱暴にお金を奪うと、店を出ていきました。


姿が見えなくなると、キエはよろけるように椅子に座り込みました。

キエは祈るように両手を組み、顔をうずめました。

いつまでもこのままではいられないのは、痛いほどわかっています。

早くぼくだけにしかできないことを見つけないと！

しかしあせればあせるほど、何をしたらいいのかわからなくなり、時間ばかりが無情に過ぎていきました。

頼れる人は誰もいません。

それはまるで高く険しい山をひとりで登っているようでした。


数日後の定休日。

キエはお昼を丘の広場で食べようと、お弁当を持って出かけました。

その日は突き抜けるような快晴でした。

広場は親子連れなどでにぎやかです。

人々は思い思いに自分たちの時間を過ごしていました。

キエは寝転び、大の字になって太陽をからだいっぱいに受け止めました。

目を閉じると、まばゆい光がまぶたを通して感じられます。

地面からは草の匂いがわきあがってきました。

耳には葉がこすれる音。肌をかすめる風。

そのままからだに意識を集中させると、まるでふわふわと空に浮かんでいるような、何かに包まれているような気分になりました。

あまりの気持ちよさに意識が次第に遠のくなか、どこからか『ミミーン！』と男の子の声が聞こえました。

キエの心はふわふわと宙に浮かんだまま、ミミンの顔を思い浮かべました。

するとまた『ミミーン！』と男の子の声がしました。

目を開けて、近くの親子連れをぼんやり眺めました。

男の子は甘えん坊なのでしょうか。母親にぴったりくっついています。

キエは自分の姿を男の子に重ねました。

そして大事なことに気がつきました。


そうだ！

ヤサボノは、家族のためにこそつくられるべきなんだ！

豪華で人工的なヤサボノより、素朴だけど自分の家でのんびり味わうような、心が安らぐヤサボノをぼくはつくりたい。

お客さん、ひとりひとりを家族のように思えたら、どんなに素敵なことだろう。

たくさんの人にミミンのヤサボノを食べてもらいたい。

キエは幼いころに両親を失いました。
その結果、早くから料理をするようになり、ヤサボノの店を持つまでになったのです。
困難はたくさんあったけれど、そのおかげでいまがあることに気づきました。
これも自分の一部なんだと。

自分のヤサボノの原点は家族にあるのだと。

心に余裕がないと、いつもどおりにつくっても必ずすさみが料理に出てしまいます。
家族のためにつくる料理は、丁寧に気持ちを込めてつくるものです。
どこの家でも、ミミンのヤサボノがおいしいのは気持ちがこもっているからです。
ご飯を食べてくれる人のことを考えてつくる。
キエは当初の気持ちを忘れていたことに気がつきました。

店が順調にいっていたときは、お客さんが「おいしい」と言ってくれる笑顔が何よりの励みになっていたのに、いつの間にか、売上げばかりを気にしてヤサボノをつくっていました。

キエは思いました。

ヤサボノで、人に元気と笑顔を与えたい。

老人は言いました。

変化を恐れないこと。そして、青虫が蝶になるには一度サナギになる必要があると。

キエは老人のことばを思い出して、胸から何かがわきあがるのを感じました。

キエはお昼もそこそこに広場をあとにすると、まっすぐにンゴロの店に行きました。ヤサボノの材料を買うためです。

「持っていけ」

ンゴロは袋いっぱいの野菜や肉をキエに渡しました。

「え？　こんなにたくさん？」

「間違ってたくさん仕入れちまったんだ。持ってけ」

ンゴロは横を向いて言いました。

「ただし、やるんじゃないぞ。貸すだけだ。儲かったらちゃんと利子をつけて返してもらうさ。ほら早く持ってけ」

「あ、ありがとうございます！」

キエは深く頭を下げました。

「わかったから早く行け」

ンゴロはそう言うと、奥に入ってしまいました。

キエは両手でしっかりと袋をかかえると、店をあとにしました。

お金がないキエにとって、ンゴロからの贈りものはとてもありがたいことでした。儲けが出たら、必ず利子をつけて返そうと心に誓いました。

店に戻ると、新メニューづくりに没頭しました。

そして、試行錯誤の末、日付が変わるころに、二種類のヤサボノができました。

ひとつは、ミミンの味を再現した『ミミンのヤサボノ』。

甘みがある優しい味です。

もうひとつは『ヤンのヤサボノ』。

ヤンとはこの国のことばで父親を意味します。これは『ミミンのヤサボノ』より濃いめの味つけです。

キエはこの新しいヤサボノに、自分の原点である家族への思いを込めました。

食べた人にも家族のつながりを大切にしてもらえるようにと。

新しいヤサボノは大量につくることはせずに、数量を限定にしました。

お金の節約のためでもありますが、売れ行きを見ながら少しずつ増やしていこうと考えたからです。

店の内装も自分で変えていきました。季節の花を飾ったり、果物を置いたり。本も並べました。お客さんが自分の家のように心地よく過ごせるために。

あっという間に、飾り気のない店内が家庭的な温かな雰囲気に変わりました。まるで別のお店のようです。

あわせて、手づくりのチラシをまきました。

店の外のテーブル席も増やしました。天気のいい日は、テーブル席が人気だったからです。

キエは、お客さんが見るもの触れるものに、意識を向けるようになりました。人をもてなすことがとても楽しかったのです。

しばらくすると、少しずつお客さんが来てくれるようになりました。キエは生まれ変わったような新たな気持ちで働きました。

街ではキエの噂はすっかり消えていました。

ジョニーズに対抗してドナサンという新しいレストランができたからです。噂の的はもっぱらその二店でした。ジョニーズが値下げをすればすぐにドナサンも値下げをし、競争が続きました。人々は面白半分にお店を比べ批判し合ったりしました。

キエはンゴロの店でその話を聞いたとき、なんだか昔の自分を見ているような複雑な気持ちになりました。もう二度と巻き込まれたくない、関わらないように気をつけようと思いました。

そんなある日、最後のお客さんが帰って、そろそろお店を閉めようとしたときです。見覚えのあるひとりの女性が入ってきました。

ジョニーズのコンサルタントのメラミです。

メラミはピンクの派手なスーツに、ネックレスや金の指輪をたくさん身につけています。

「久しぶり。お元気そうでなにより」

そう言って、店内をゆっくり見まわすと、キエの目の前のカウンターに脚を組んで座りました。

「いらっしゃいませ」

キエはそれだけ言うのがやっとでした。

いったい、何をしにきたのだろう。キエはどうもメラミが苦手でした。

「ご注文は?」

メラミは髪をいじりながら、見せつけるように形のいい脚を組み替えました。

「そうねえ。ミミンのヤサボノを」

「かしこまりました」

ヤサボノをつくっている最中、メラミのことばが頭から離れませんでした。このときほど、心を込めてお客さんのために料理をするのがむずかしいと思ったことはありませんでした。

「お待たせいたしました」

メラミは出されたヤサボノをすぐには食べず、じっと見つめました。それから香りを嗅ぐとゆっくりとヤサボノを味わいました。

キエはメラミが味をどう評価するか気になりました。

彼女は静かに食べ終えると、再び口を開きました。

「最近、ジョニーズではヤサボノだけがまったく売れないのよ。簡単に言うと、その原因と対策のために、わたしはやってきました」

「また、ぼくのヤサボノを横どりするんですか？」

キエは、ガリブのことを思い出して苦々しく言いました。

「まあ！　横どりなんて人聞きが悪いわ。なぜジョニーズのヤサボノが売れなくなったのか調べたら、あなたに行き着いたのよ。最初はドナサンが原因かと思っていたけど。どうやら向こうもヤサボノはそれほど売れてないみたい」

「ジョニーズのヤサボノが売れないこととぼくとは、まったく関係ありません」

よけいなことに巻き込まれたくなかったので、キエはきっぱりと言いました。

すると、メラミは思いがけないことを口にしました。

「調査したところ、あなたのヤサボノがおいしいと言う人がわずかだけどいたのよ」

返事をしないでいると、メラミはたたみかけてきます。

「いまはわずかだけど、その数はやがて大きくなると予測しているわ。で、その前にあなたごと買収しちゃおうと思ったの。いいアイデアでしょ？　あなたのヤサボノを味方につければ、ドナサンにも勝てるわ」

メラミはそう言うと、バッグから札束を取り出し、静かにテーブルに置きました。

かなりの大金です。キエはびっくりしました。なんだかいやな予感もします。

「あの、これはいったい……？」

すると、メラミはゆっくりとした口調でこう言いました。

「突然ですが、あなたのヤサボノをジョニーズで売ってくれません？」

キエは、メラミがお客さんということを忘れ、思わずにらんでしまいました。

「断ります」

「あらあら、落ち着いて。ほんとうにいいの？　ジョニーズと契約すれば、借金なんてあっという間に返せるのよ」

借金のことを言われ、キエの顔は赤くなりました。もちろん、お金はのどから手が出るほどほしい。でも、苦労してつくったヤサボノを手放すわけにはいきません。

「お断りします。もう閉店なのでお引き取りください！」

キエはドアを開けました。自分の迷いを吹っ切るように。

「頑固な男ね」

メラミは大きなため息をつくと、代金を投げるように置いて出ていきました。

その夜、キエは片づけをすますと、外へ出ました。

新鮮な空気が吸いたくなったのです。広場まで散歩に行くことにしました。

夜中に出かけるのは久しぶりです。

広場へ着くと、キエは大の字になって寝そべりました。

ひんやりとした空気に包まれています。

どこからか虫の声も聞こえます。

空は雲でおおわれていましたが、風が強いので、どんどん新しい雲が流れていきました。

まるで空が海で、雲は船のようです。

キエは雲の流れを追いました。


どれくらい時間が経ったのでしょうか。

知らない間にキエはうたた寝をしていました。

ふと目を開けると、雲はすっかり姿を消していました。

その代わりに、数えきれないほどの星が夜空にきらめいていました。

これだ！　これだったんだ！

キエは横になったまま、静かに興奮していました。
なぜいままで気づかなかったのだろう。

身近にありすぎて、当たり前すぎて気づかなかった大切な宝もの。

急激に発展した街なかではライトに邪魔されて見えないもの。
ふだんは忘れているけれど、誰もが小さなころから慣れ親しんできたもの。
ぼくの店に足りなかったのはこの満天の星だったんだ！
キエは、ようやく気づきました。
この星空こそが、この店、最大の物語だったということに。

わけもなく、涙があふれてきました。

山の上の立地という最大の弱点が、最高の魅力に変わった瞬間でした。


それから、いろいろなことを試しました。

まず、外のテーブル席を増やしました。

営業時間も、日付が変わるころまで長くしました。

よく晴れた夜は、お客さんに星空を少しでも長く楽しんでほしいからです。

星がいちばんたくさん見える時間を星空時間と名づけ、その時間に来てくれたお客さんには、星形につくったキイチをサービスしました。

すべては、お客さんに喜んでもらいたいという気持ちからでした。


「街で働く人たちに、小さいころに故郷で見た星空と懐かしい料理をプレゼントする」

それがキエの志《ミッション》となりました。

星の本を買い、星座も覚えました。

お客さんに星座を教えてあげるためです。とくに子どもたちは喜びました。

営業時間を長くしたことで、お客さんが増えました。

早い時間は家族連れが多く来ました。

遅い時間はカップルが増えます。

ロマンチックなデートスポットとして口コミで広がっていったのです。


いつしか、お客さんたちの間でキエの店は、『星ヶ岡のレストラン』と呼ばれるようになりました。

「レストラン」ということばには「元気を回復させる」という意味があります。

キエの店に来るとみんなが元気になりました。

だから、見かけは小さな食堂だけど、レストランと呼ぶようになったのです。

『星ヶ岡のレストラン』は、徐々に街で評判になっていきました。

まるで隠れていた星が雲の隙間から再び顔を出したように、きらめきはじめたのです。

ある夜のこと。葉巻の老人がやってきました。

この日はいつにも増して星がきれいだったので、外の席に案内しました。

キエはそっとテーブルに星形のキャンドルを置きました。

「評判は聞いているよ。やっとこの店だけの物語が発見できたようだな」

老人はいつものように葉巻をくゆらせながら言いました。

「ありがとうございます。あなたのおかげです。お名前を教えてもらえませんか？」

そのときです。

何かをたたきつけるような大きな音がしました。

びっくりして音のするほうを見ると、店の入り口に借金取りの背の高い男が立っていました。大きな音は男が力いっぱいドアを蹴り上げた音だったのです。

ついさっきまでにぎわっていた店は一気に静まり返りました。

お客さんたちは驚いています。

どうしてこんなときに！

キエはあせりました。とにかく早くお金を渡して帰ってもらわないと。

借金取りの男はキエのそばまで来ると、わざとみんなに聞こえるように言いました。

「ちょっとは儲かっているみたいだな。今月から倍の金を出せ」

いままでの金額でもやっとなのに、いくらなんでも倍だなんてとても払えません。

キエは頭を下げて正直に言いました。

「すみません。払いたくてもそんなにお金がないのです」

「なんだと！」

男がキエの胸ぐらをつかみました。


すると、老人が静かに言いました。

「器物破損と恐喝罪。貴様が初犯だとしても罰金と懲役一年よくて執行猶予。そこで突き飛ばせば暴行罪もついて確実に実刑じゃな。懲役三年ってとこか。パンハローの刑務所はメシが臭いらしいぞ」

「ジジイ、何者だ?」

「ワシはジジイだが、こういう者だ」

老人はポケットから一枚のカードを取り出し、テーブルに置きました。

そこには「弁護士　ムゼー」と書かれていました。

弁護士! キエは老人を見つめました。

この国では、弁護士は特別な尊敬の対象になっています。

「警察には知り合いがたくさんいる。なんならすぐに電話しようか」

ムゼーは、ポケットから携帯電話を取り出しました。

この国では、特別な人しか持つことができない機械です。男の顔色がみるみる変わるのがキエにもわかりました。

胸ぐらをつかむ手は弱まり、やがて離れました。

男は舌打ちすると店を出ていきました。

「ありがとうございます！」

「借金はいくらあるんだ？」

礼を言うキエに、ムゼーは厳しい表情で言いました。

しかたなくキエは、ガリブに騙された経緯を語りました。

ムゼーは静かに聞いていましたが、最後にこう言いました。

「そのお金はもう払う必要はない」

キエはことばが出ませんでした。

胸に深く刺さっていたトゲがとれた気分でした。


それからキエは生まれ変わったような気持ちで仕事にのめり込みました。

離れていたお客さんも再び戻ってきてくれました。

あんなに空いていたのが嘘のように、毎日お客さんがやってきます。

しかしキエはそれに慢心することなく、一生懸命働きました。

ドナサンがジョニーズを買収したというニュースもお客さんから聞きました。

もっと大きな店をつくるようです。
でもそんなニュースにも、キエの心は揺るぎませんでした。

8

ある夜、街に住む青年オルドンは、同僚のツイニーを食事に誘いました。
彼女のことが好きだったからです。
行き先は星ヶ岡のレストラン。
先輩から、あの店はデートにうってつけだと聞いていたからです。
仕事が終わったあと、オルドンとツイニーは丘を登っていきました。
しかし、なんと星ヶ岡のレストランの灯りがついていません。
せっかくのデートなのにどういうことだ。オルドンはがっかりしました。
「ほら、入り口のドアに何か書いてあるわ」
ツイニーが言いました。見るとドアには、「本日は広場で開業します」という貼り紙と簡単な地図がありました。

広場で？　いったい何が起こるんだろうと、ふたりがちょっとワクワクしながら広場のほうへ向かうと、ランプの灯りが見えてきました。ヤサボノのいい香りも漂っています。そう。今日は月に一度、新月の夜だけに催される屋外レストランの日だったのです。

「星ヶ岡レストランへ、ようこそ」

店主のキエが誇らしげに頭を下げます。どうやら、今日はこの広場がレストランになるようです。二人は、キエに案内されるがままに席につきました。

「まずは上をご覧ください」

キエはそう言うと、ランプの灯を消しました。

「すごい！」

オルドンとツイニーは、同時に声をあげました。

そこには、手が届きそうなくらいに近く、満天の星空が広がっていたからです。

ふたりが住んでいる街では絶対に見ることのできない眺めでした。

今日は新月なので、いちだんと星のきらめきが明るく感じられます。

キエは、ちょうど天頂にあるふたつの星の話をしました。この国に昔から伝わる、若いふたりのラブストーリーです。この店では、星空が前菜なのです。

その後、メインディッシュのヤサボノが運ばれてきました。

ふたりはゆっくりと味わって食べました。

食後はお酒をオーダーし、ふたりで星を見ながらいろいろなことを語らいました。

「ここ、ほんとうにいい店ね」

ツイニーの満足そうな笑顔を見て、オルドンは、『星ヶ岡のレストラン』を選んでよかったと心から思いました。


こうして、ジョニーズやドナサンのきらびやかな照明や流行の音楽に飽きた人々は、月や星の明かり、そして、風や虫たちの音色を求めてキエの店に集まりました。

『星ヶ岡のレストラン』は、きっといまこの瞬間も、新たな物語をつくり続けていることでしょう。

『星ヶ岡のチンパンジー』と「ストーリーブランディング」についてのちょっと長い解説

Long commentary

『星ヶ岡のチンパンジー』を読んでいただきありがとうございます。

どんなふうに感じられたでしょうか？

わたしには、このストーリーがどこか遠くの国の特別な架空の物語ではなく、日本中のいろいろな地域で起こっている普遍的な話だと思っています。


小さな会社やお店は、価格、品質、広告で勝負していたら、お金がいくらあっても足りない。そもそも大規模な企業と勝負しても勝ち目はない。なのに同じ土俵で戦っている、そんな会社やお店が数多くあります。

自分の店の「ストーリー」を発見する前のキエのように。


小さな会社やお店の経営者は、日々不安との戦いです。

たとえいまがうまくいっていたとしても、明日はどうなるかわからない。

自分の店の近くに大規模な店舗ができた。自分の店よりも価格が安い。

そんな状況になったとき、悠然としていられる経営者はほとんどいないでしょう。

そう。キエは明日のあなたなのです。

そのような事態に直面したとき、価格を下げたくなる気持ちは痛いほどわかります。

価格は、商品を買うか買わないかを決める重要な要素だからです。

◉小さな会社は戦ってはいけない

マーケティングの基本として、多くの教科書に出てくる概念に、「**マーケティングの４Ｐ**」というものがあります。

商品やサービスが売れるために必要な、**Product（製品）**、**Price（価格）**、**Place（流通）**、**Promotion（プロモーション）の頭文字の４つのＰ**です。

なかでも、製品そのものと価格は、商売の基本中の基本といっていいでしょう。

4Pと3C

Product
（製品）
Price
（価格）
4P
Promotion
（プロモーション）
Place
（流通）

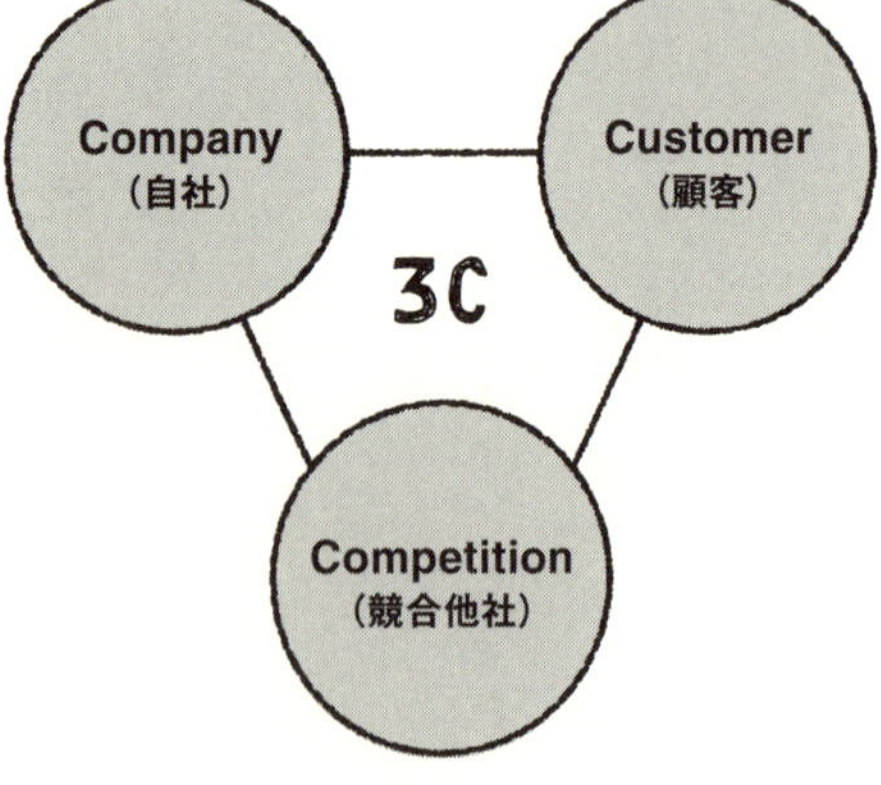
Company
（自社）
Customer
（顧客）
3C
Competition
（競合他社）

ただし、それらを決めるときに、売り手が自分側の視点だけで決めてしまってはいけません。そこで出てくるのが、もうひとつの基本、「**マーケティングの3C**」です。

これは、**Company（自社）、Customer（顧客）、Competition（競合他社）の頭文字**をとったもので、マーケティングを考えるときには、この3つの視点から考えなければならないということです。

値づけについて、自社の視点から見ると、自分の会社やお店の維持費や商品の原価を考慮して、獲得したい利益を上乗せして決めたくなります。

けれども、このとき、お客さんの視点も考えなければなりません。お客さんがその商品を買う場合にどこまでの金額であれば買おうと思うかという視点です。一般的には、お客さんは同じ商品であれば安いほど買おうと思うでしょう。

そして最後に、競合他社の視点です。同じような商品を扱っている会社やお店がどのような金額で売っているかということです。

ここで注意が必要なのは、価格には、「時間軸」という視点を取り入れなければならないということです。自社が新しい価格で商品を投入したとき、それによって競合他社が対抗値下げに打って出てくることは十分に考えられます。現時点での価格設定だけではなく、将来的な予測もしておかなければならないのです。

このように、価格というのは本来、いろいろな状況を考慮したうえで慎重に決定しなければならないものなのですが、つい安易に決めてしまいがちです。

値下げというのは、わかりやすく誰にでも簡単に実行できる戦術で、効果もすぐに見えやすい、もっとも安易な方法なのです。

たしかに、値下げをすれば一時的な効果は上がるでしょう。お客さんや売上げは増えるかもしれません。しかし、考えてみてください。

値下げしたことによって、あなたの商品の価値も下がります。

そして、たとえ値下げで一時的に売上げが増えたとしても、やってくるのは価格に釣られたお客さんだけです。競合他社がもっと値下げすると、お客さんはそちらに流れます。あなたも対抗して値下げしなければなりません。行き着く先は明らかです。

価格競争に参入するのは、結局は自分の首を締めるだけなのです。

よく「価格競争に巻き込まれる」といいますが、自ら参入しているケースがほとんどです。絶対に参入しないという固い決意を持っていれば巻き込まれないですみます（カルテルのような不当に高い値段で横並びの業界に参入するような場合は別です）。

弱者は強者と（価格で）争ってはいけないのです。

価格で勝負しないというと、品質で勝負すると考える人も多いでしょう。

これもよく聞く話ですが、この**「品質」がくせもの**です。

もちろん商品の質をできるだけよくすることが大切なのは、言うまでもありません。しかしながら、生活者にとっては必ずしも必要のない品質をアップさせることに注力しているお店や会社も多いのです。

商品のスペックや形状が少しくらい変わったといっても、多くの場合、生活者にとってはどうでもいいことです。そのような品質向上に力を注いでも、あまり意味がありません。

だいたい、今の日本で一般に売られている商品のほとんどは、そこそこ高品質です。**多少のこだわりなら、どんな商品にもあります。**ちょっとやそっとでは差別化できません。

また、その品質を訴求する「ことば」も同様です。

たとえば、飲食店や旅館などで「厳選された素材」「こだわりの製法」「真心をこめたおもてなし」などのフレーズを使って広告を打っているのをよく見かけます。発信側としては差別化しているつもりかもしれませんが、生活者にはほとんど響きません。そのような抽象的なことばでは、何も言っていないのと同じなのです。

かといって、他を圧倒する画期的な商品など滅多に開発できるものではありません。

ふつうの会社は、品質ではなかなか勝負できないのです。

価格でも品質でも勝負しないとなると、いったいどうすればいいのか？

価格や品質で争ってはいけない

安易な値下げ

▶ 値下げ競争に巻き込まれるだけ！

▶ 商品の価値も下がる！

品質へのこだわり

▶ 多くの生活者にとってはどうでもいい！

▶ ちょっとやそっとでは差別化できない！

◉頭で買うのか、心で買うのか？

日本全国に数多くある店は、大きく2つに分けることができます。

「商品だけを売る店」と「商品以外の何かを売る店」です。

人間は買い物をするとき、「商品そのもの」を買いたいときと、「商品以外の何か」を買いたいときがあるのです。**「商品そのもの」を買うとき、多くの人は理性的な消費行動をとります。**値段、実用性、利便性、知名度などで選ぶ消費です。人によって大きく違いますが、一般的な人はおおよそ8〜9割は理性的な消費をするでしょう。

ただ、すべて理性的で合理的な消費だけでは心が乾いてしまいます。**人は時として、感情的で不合理な消費をします。**趣味で入れ込んでいる物を買うときや、旅行先でお土産を買うときなどはその典型です。それ以外にも、多くの人は以下のような体験をしたこともあるのではないでしょうか？

「実用的ではないんだけど、ある商品に一目惚れしてしまった」「うまく説明できないいけれど、どうしてもこの商品が欲しい！」「理由は特にないけど、週に一度はあのお店に通いたくなる」「なぜかわからないけど、どうせならあの営業マンから買いたい」

「価格」「品質」などの理性的な部分だけで勝負していたら、一般的な小売店は、大企業やチェーン店、アマゾンなどの巨大ネットショップとは勝負になりません。バカ正直に「商品そのもの」だけを売る「物を売るバカ」になってはいけないのです。**何かしら感情的な消費に訴える「商品以外の何かを売る店」になる必要があります。**

では何を売ればいいのか？

キエが最終的に気づいたように、それが「物語《ストーリー》」です。私は、中小の店は「物を売るな、物語を売れ！」と主張し続けています。

「物を売るな、物語を売れ！」

物を売るな、物語を売れ！

価格！

品質！

知名度！

理性的消費

＝

物を買う

好き！

面白い！

欲しい！

感情的消費

＝

物語《ストーリー》を買う

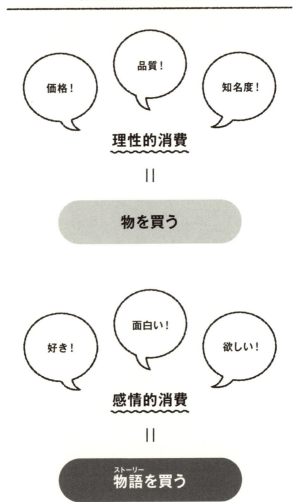

そうすると、価格や品質の土俵で戦わなくてもすみます。ストーリーの力であなたのお店、会社、商品を輝かせる手法を「ストーリーブランディング」と名づけました。ビジネスにおける「物語」とは具体的にどういうものなのかは後述するとして、ストーリーブランディングを簡単にいうと、

「あなたのお店、会社、商品が本来持っている価値を、人の心が動くように、わかりやすく見える化する」

ことです。

◉「ブランド」って、要するに何？

「ストーリーブランディング」は、広告代理店やコンサルティング会社などがよく口にする「ブランディング」とは違います。ここでは、まず一般的によく使われる意味でのブラ

ンディングについて確認し、続いて「ストーリーブランディング」が一般的なブランディングとどう違い、どう効果的なのかを述べていきたいと思います。

さて、ブランドとは何でしょう?

本来の意味は、競合他社と区別するためにつけられた商標のことをさします。

ひと昔前までは、ブランドというと、衣料・バッグ・宝飾品などで名前の知れた高級品をさすことが一般的でした。しかしここ十年、ビジネス界では、どんどん広い意味で使われるようになり、高級品に限らず、他の商品や会社とちゃんと区別されて認識されている商品・社名・サービス等を「ブランド」と呼ぶようになってきました。

スーパーやコンビニなどが独自に企画販売する(一般的には価格が安い)「プライベートブランド」などということばさえありますし、「地域ブランド」「個人ブランド」などといったことばも、ふつうに使われるようになってきました。

書店の棚を探せば、数多くの「ブランド」に関する本が並んでいます。たいていの本は、

「ブランドのもともとの起源は、牛に焼き印を押すことから始まった」などという語源から始まります。そしてわざわざむずかしくしているのではないかと思うほど、もってまわった言い方で、いろいろな定義がされています。

でも、わたしは「ブランド」を次のようにシンプルに定義しています。

「名前を聞いただけでイメージがわき、特別な感情を抱く存在」

特別な感情とは、たとえば、「仲間に入りたい」「近づきたい」「買いたい」「所有したい」「行ってみたい」「応援したい」「誰かに話してみたい」「楽しそう」「おいしそう」「なんだか知らないけどワクワクする」などといったものです。

もちろん、世の中のすべての人に同じような感情を持ってもらうということは不可能です。**一定の人数の人たちにプラスの特別な感情を抱かせることができれば、ブランドとして成立します。**

では、一定の人数とはどのくらいかというと、その会社の規模や目指すマーケットによって大きく変わってきます。世界的なブランドであれば、何億人もの人に特別な感情を抱かせる存在でなければなりません。お店や小さな会社なら、数十人の人に特別な感情を抱いてもらえれば、十分に商売が成り立つ場合もあります。

ブランドと対立する概念に**「コモディティ（一般商品）」**というものがあります。

コモディティとは**「ありふれた」**という意味です。

たとえば、生鮮食料品の多くはコモディティです。ふつうは、○○県産という表示があるだけで、ネギ、牛肉、サバなどというように一般名称でしか表示されていません。

しかしこれが、「九条ネギ」「神戸牛」「関サバ」などのように生産地がつけられた独自の商品名になると、「ブランド」となります。その名前を聞いただけで、多くの人々が「高品質でおいしい」というイメージを抱くからです。

生産地だけとは限りません。

神奈川県藤沢市にある「みやじ豚」は、宮治勇輔さんが代表取締役社長をつとめる養豚会社です。畜産物は、一般的な流通ルートである農協におさめると、どんなにこだわって育てたとしても、「神奈川県産」というように一律に表示され、買取り価格も横並びです。生産者自身でさえ、どの店に自分の商品が卸されているかわからない状況です。

そこで宮治さんは、**直販という方法を選択し、「みやじ豚」という名前でブランド化**しました。現在、みやじ豚をブランド豚と認識する人が増え、おいしい料理を提供する飲食店で数多く使われています。

同じようなことは、工業製品にもあります。

携帯電話というコモディティに対して、ｉＰｈｏｎｅはブランドです。ノートはコモディティですが、モレスキンはブランドです。

いずれも、特定の人にとっては、「名前を聞いただけでイメージがわき、特別な感情を抱く存在」になっている商品だからです。これがブランドです。

コモディティからブランドへ

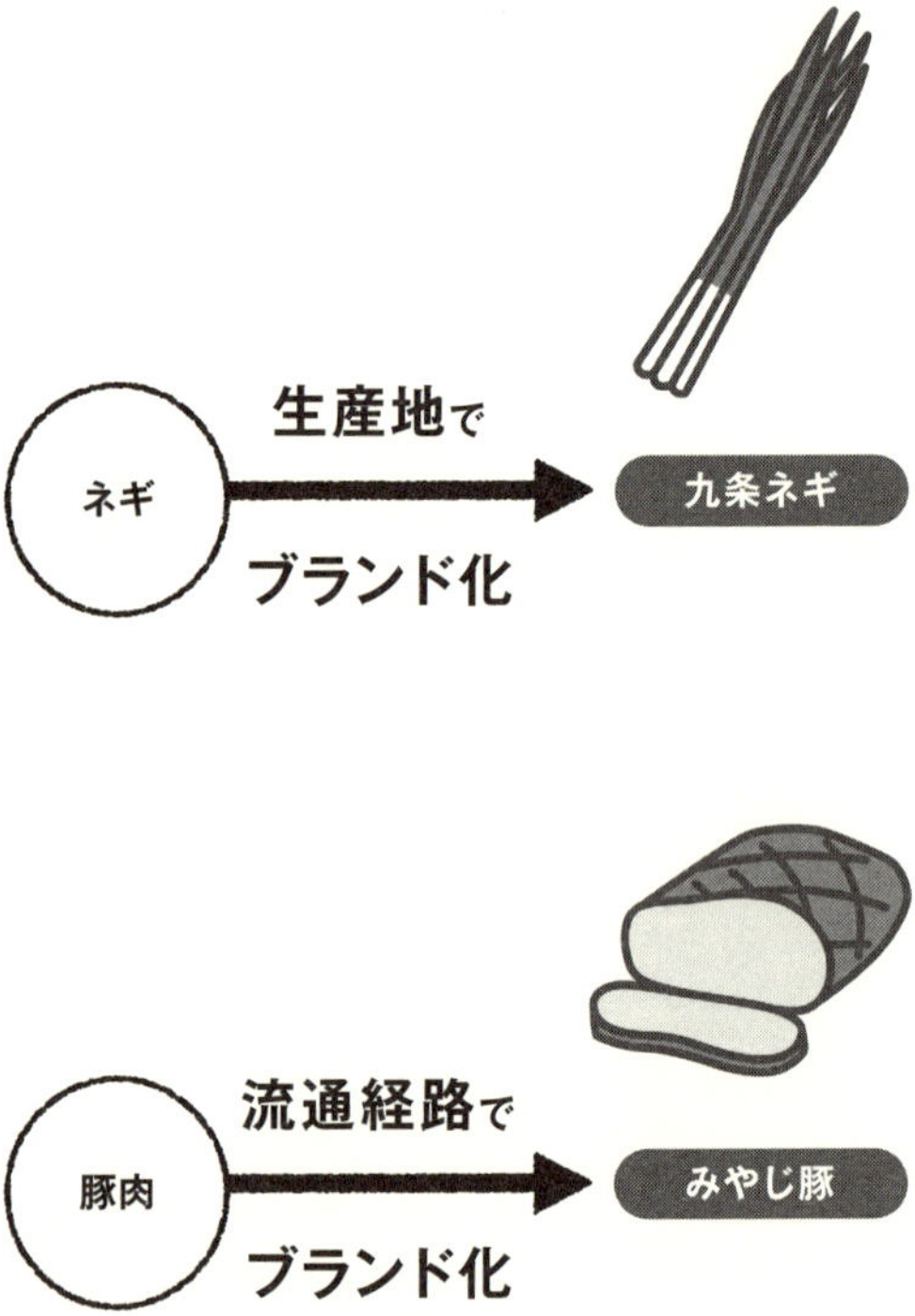

◉外側をかっこよくするのが「ブランディング」??

一般的に、ブランドを確立することを「ブランディング」と呼びます。広告代理店やコンサルティング会社などは、この「ブランディング」ということばが大好きです。かれらは通常、その会社や商品が進むべきコンセプトを定めて、以下の三要素を確立していくことを提案します。

①性能、スペック、価格などの「商品力の要素」
②ネーミング、スローガン、キャッチフレーズなどの「ことばの要素」
③デザイン、パッケージ、キャラクター、広告などの「ビジュアルの要素」

なかでもいちばん力が注がれるのは、③のビジュアルの要素です。かれらのいう「ブランディング」とは、乱暴にいうと、「デザインなどのビジュアル要素で新しい企業イメージを構築して広告を打つこと」にほかなりません。新しいロゴをつくって、ホームページや会社案内やCMも一新して、とってつけたようなコミュニケーションワードをくっつける。キャラクター（タレントを含む）を起用する場合もあります。

そうやって、いままでと違う、新たなイメージをつくって「ブランド化」する。**いわば企業や商品に新しい衣裳を着せるというようなイメージ**です。

「馬子にも衣裳」というくらいですから、服も大切です。しかし新しい衣裳が似合っていればいいのですが、逆に服負けして、服に着られてしまっているように見えるケースも少なくありません。とくに、**お店や小さな会社では、デザインなどのビジュアルだけを新しくしてもいい結果を招かない**ことがよくあります。

お気に入りで通っていたお店が改装して、中途半端にこぎれいになってしまったことで、その店に本来あった魅力がなくなってしまったとか、チラシなどの販促物でも、デザインは以前よりも洗練されているのだけれど、もともとの素朴な手書きのときのほうが効果があったというようなことは、みなさんにも心当たりがあるはずです。

つまり、

デザインなどのビジュアル要素を中心とした「ブランディング」は、会社や商品の中身が伴っていないとマイナスに働くこともある

ということです。

◉ストーリーの力を利用して中身で勝負！

これらに対し、単に新しい衣裳を着るのではなく、**もとからその会社やお店が持っている価値に光を当てて「見える化」する**のが「ストーリーブランディング」です。

具体的にどのような道筋で見える化するかをお話しする前に、ビジネスにおける「ストーリー」とはどういうものかについて、簡単にお伝えしておきましょう。

ビジネスにおけるストーリーとは、シンプルに定義すると次のようになります。

「商品、お店、会社にまつわるフィクションでないエピソード」

「フィクションでない」という部分が重要です。

しかし、これではよくわからないという方も多いでしょうから、リンゴを例にあげて理解していただこうと思います。

A、B、C三つのリンゴが置いてあり、それぞれ次のような説明がついています。

あなたはどのリンゴを選ぶでしょう?

Ⓐどこにでもある、ごく一般的な農法で育てたリンゴです。

Ⓑまわりの葉を取らずに栽培し、果実に十分に栄養を行き渡らせたリンゴです。そうすると見た目は少し悪くなりますが、断然甘くおいしくなるのです。

Ⓒ『奇跡のリンゴ』でおなじみの木村秋則さんがつくったリンゴです。木村さんは絶対に不可能と言われていたリンゴの無農薬無肥料栽培を、八年の歳月をかけ、長年の極

貧生活と孤立を乗り越えて、試行錯誤の末にようやく実現しました。

多くの人は、Cを選んだのではないでしょうか？　続いて、Bのほうが多いでしょう。それはなぜでしょう？

考えてみてください。Cのリンゴは品質について何も語っていません。味がおいしいかどうかもわかりません。にもかかわらずいちばん食べてみたいなと思うのはC。

ここでは、価格のことには触れていませんが、おそらくAやBの何倍ものお金を出してもCを食べたいという人は多いでしょう。

Cには心を動かされるストーリーがあるからです。おいしいおいしくないということを超越して、あの木村秋則さんがつくったリンゴだったら、どんな味なのだろう、ぜひ食べてみたいと思うのが人間なのです。

さて、**ビジネスにおけるストーリーは「商品、お店、会社にまつわるフィクションでないエピソード」**と書きました。その意味では、Bのリンゴにも一応ストーリーはあります。だからAと比べれば、Bのほうが食べたくなる。でもCと比較すると負けてしまいます。

なぜでしょう?

それは、Cのエピソードが、「ストーリーの黄金律」にかなったストーリーになっているからです。ストーリーの黄金律とは、次の三要素です。

- **何かが欠落している、または欠落させられた主人公が、**
- **なんとしてもやり遂げようとする遠く険しい目標やゴールに向かって、**
- **数多くの葛藤、障害、敵対するものを乗り越えていく**

この三要素が含まれていると、人はそのストーリーに心を動かされてしまいます。

それゆえ、ハリウッド映画、ドキュメンタリー、少年マンガなどにもよく使われる手法です。いわば、人類共通の感動のツボ。ツボを押されたあなたは、Cのリンゴをいちばん食べたいと思ったのです。

ビジネスでストーリーを使うことの最大のメリットは、このように、人の感情を動かすことができるという点です。

「奇跡のリンゴ」とストーリーの黄金率

① 青森の一農家が、

② 不可能と言われていた
リンゴの無農薬無肥料栽培を、

③ 長年の極貧生活と孤立を乗り越えて
実現させていく

ほかにも、次のようなメリットがあります。

- 興味を持ってもらえる
- 記憶に残りやすい
- 差別化しやすい
- 失敗を語ることでより深い共感を得られる
- ファンになってもらえる
- 口コミにつながりやすい

ここで、最後の「口コミにつながりやすい」という部分を考えてみましょう。

あなたがCのリンゴを食べたとします。おいしくても、おいしく感じなくても、「あの奇跡のリンゴ食べたよ」と人に伝えたくなるのではないでしょうか？　ブログ、ツイッター、フェイスブックなどをやっていれば、そこで食べたことを書きたくなるはずです。聞いた人間も「味、どうだった？」と強く反応してくれるはずです。

もちろん、Bのリンゴでも実際に食べてものすごくおいしければ、口コミするかもしれません。でも、Aのリンゴであればどうでしょう。たとえおいしく感じても、わざわざ口コミするでしょうか？　たとえ口コミしたとしても、「昨日食べたリンゴがおいしくてね」「なにか特別なリンゴ？」「いや、ふつうのリンゴだけど」では、聞いたほうとしても、「ふーん」としか答えられず、広めようがありません。なんのストーリーもないからです。

このように、あなたの商品、会社、お店などにストーリーがあると、いろいろなメリットを受けることができるのです。さらにそれがストーリーの黄金律にそっていると、より強い支持を受けることができる可能性が高くなります。

ただし、（繰り返しになりますが）**ビジネスにおけるストーリーは、「本当にあったこと」でなければなりません。**いくら黄金律にそっていても、つくられた話やとってつけたようなフィクションだと、逆効果になってしまうことが多いのです。

本来は商品力があるのに、それをうまくアピールできていないという理由で、埋もれてしまっている。そんな商品自身が持っているポテンシャルをうまく引き出してあげるのが、ストーリーの本来の役割です。

◉ストーリーブランディングの3本の矢

このように、ストーリーの力を使って商品・店・会社・個人など、ビジネス全般を輝かせ続けるのが「ストーリーブランディング」と呼ぶものです。

注意してほしいのは、**「輝かせる」ではなく「輝かせ続ける」**という点です。

一般的にいわれる「ブランディング」が、企業や商品に新しい衣裳を着せるというイメージであるならば、**「ストーリーブランディング」は、弱みを強みに変え、ふだん着のままでもオーラが出ているような状態にする**というイメージです。

ストーリーブランディングのブランディングは、ブランドであり続けること、**「ブランド＋ing」で、常に現在進行形**なのがポイントです。

その分、多少時間はかかります。お手軽な「ファストブランディング」ではなく、しっかりと本物を築きあげていく「スローブランディング」だからです。その代わり、血となり肉となり、服を脱いだらメッキがはがれてしまうということもありません。**弱者にぴったりの戦わないブランド戦略なのです。**

ストーリーブランディングでは、以下の3つの階層の違うストーリーを構築していくことがポイントになってきます。

①志（こころざし）
②独自化のポイント
③魅力的なエピソード

順番に見ていきましょう。

まずは、**「志（こころざし）」**です。

「奇跡のリンゴ」でいえば、農薬でアレルギーが出た家族のために無農薬無肥料のリンゴを栽培しようと決意し、長年の苦節と試行錯誤の末に実現させたという部分です。

「志」という単語にはいくつかの意味がありますが、ストーリーブランディングにおいては、**その会社・お店・団体はなんのために存在するのか、世の中に向けて発信する「大義」のこと**をさします。いわば究極の目標。もっと大げさにいえば、その会社やお店がなんのために存在するのかといった理念的な部分、流行りの用語でいえば、**「ミッション」**です。

一般的に世の中に向けて自社の「志」を発信する会社は多くありません。だからこそ、それが人々の共感を呼ぶものであれば、そこに「物語」が産まれてきます。価格、品質で勝負できない小さな会社やお店にとって、「志」こそ一番の武器になります。

また「志」があると、前章で取り上げた「ストーリーの黄金律の主人公」になれる可能性が高まります。なぜなら、「志」とはいまだに達成されていない高い目標なので、自然と主人公は欠落した状態からのスタートとなり、高い目標に向かっていく姿を見せられるからです。なので、いちばん深く、人の心を動かすキラーストーリーになる可能性が高いのです。

次が**「独自化のポイント」**です。

「奇跡のリンゴ」でいうと、世界初の完全無農薬無肥料の自然栽培でつくられたリンゴである、という部分です。これが木村さんのリンゴが「奇跡のリンゴ」と呼ばれる最大の特徴であり、他のリンゴには真似ができない部分だからです。

いくら「志」が立派でも、他社と同じ商品やサービスでは「言ってることは立派だけど……」と思われてしまいます。その会社ならではの独自の手法が必要となってきます。

「独自化のポイント」があると、他と差別化しやすいだけでなく、そのキーワードがタグとなり、人に薦めやすくなります。人に勧めやすいということは、**口コミで広がりやすくなる**という大きなメリットになるのです。

また会社の特徴にもなるので、ひと言でいえることも重要です。そうすることで、口コミで広がっていき、メディアでも取り上げられやすくなります。

わかりやすい独自化の手法としては、次の3つのワンのいずれかを実行することです。

★ファーストワン……「日本初」「業界初」のように、その分野で最初に導入された商品やサービスをいいます。

★ナンバーワン……「日本一」「業界一」のように、売上・規模・人気など、なにかしらで一番をとることができた商品やサービスをいいます。

★オンリーワン……「日本唯一」「業界唯一」のように、他のどこにもない商品・売り方・サービスをいいます。

このうちどれかひとつのワンがあれば、あなたの会社は他とは違う会社として独自化できやすくなります。

そして3本目の矢が**「魅力的なエピソード」**です。

これは実際にあった象徴的なエピソードや日々のさまざまな試みのことをいいます。

「志」や「独自化のポイント」とリンクすると大きな力になり、物語が立体化して効果を発揮します。

「奇跡のリンゴ」でいうと（読んでいない方、ごめんなさい）、「木村さんがゴメンネと謝らなかった木は全部枯れてしまった」「皮をむいたまま放置しても色が変わらない。翌日でもみずみずしさが変わらない」などの部分です。

どれかひとつのエピソードだけを取り上げただけでは、「志」にもならないし、「独自化」するだけの力はないでしょう。でもそれが、**「志」や「独自化のポイント」とリンクしているると、ストーリーが立体化して効果を発揮する**のです。

もし現時点で「魅力的なエピソード」がないのであれば、「未来に起こる予定のエピソード」を想像しましょう。そしてそんなエピソードが起こるためには、具体的に何をしていったらいいかを逆算で考えていくのも効果的です。

また、168ページで述べる、お客さんとラブストーリーを築いていくための5つの方法も参考にしてください。

ストーリーブランディングの３本の矢

1 志（こころざし）

その会社・店・団体は何のために存在するか

2 独自化のポイント

他社や他人に真似できない部分

3 魅力的なエピソード

「志」「独自化のポイント」とリンクして
ストーリーを立体化

一言で言い表す
||
コーポレートメッセージ
（ブランドメッセージ）

独自化のポイントをつくる３つの手法

① ファーストワン　日本初　業界初

② ナンバーワン　日本一　業界一

③ オンリーワン　日本唯一　業界唯一

「志」「独自化のポイント」「魅力的なエピソード」これら3つの階層の違う物語が「3本の矢」のようにしっかり同じ方向を向いていると、ちょっとやそっとでは折れない、しっかりとした「物語」になるのです。会社の軸ができ、ブレません。

お客さん、従業員、地域からも「何を目指す会社で」「どんな特徴があり」「日々どのような活動をしているのか」ということがとてもわかりやすくなります。

◉外に向けてのメッセージとインナー向けのスローガン

ストーリーブランディングの3本の矢を確立させると、その会社やお店、商品の価値がわかりやすく「見える化」されます。価値が「見える化」することで、その会社やお店、商品が輝いてくるのです。

3本の矢を確立させたら、それを外部に向かったひと言で言い表せるようにキャッチコピー化しましょう。これを**「コーポレートメッセージ（ブランドメッセージ）」**といいます。

くれぐれも手垢がついた陳腐な言葉（「地域密着」や「お客様第一」等）にならないように注意しましょう。

このメッセージは、社内に向けても共通して使えるのが理想です。ただ、社員の数が多いような場合は、外部に向けたものとは別に内部向けのインナースローガンをつくるのもいいでしょう。

◉お客さんとラブストーリーを築くための5つの方法

3本の矢を固め、コーポレートメッセージを考えたら、そこから具体的にどのようにすればお客さんと密な関係が築けるかを考えましょう。

小さな店や会社は、お客さんに熱いファンになっていただかないと未来はない。なぜなら、その店や会社に強い思い入れがなければ、たとえ、いまはお客さんとして来てくれていたとしても、価格や品質などの要素によって、簡単に他の店に通うようになってしまうからです。

濃くて熱いファンは、あなたの会社やお店が発信する商品をすべて買ってくれ、さらに勝手にまわりにも勧めてくれます。ファン同士の交流も楽しみ、同じコミュニティにいることに喜びを感じます。あなたの会社やお店の成長と繁盛を心から喜んでくれます。規模は小さくても、このような濃くて熱いファンが大勢いる会社やお店は放っておいても商売繁盛するでしょう。

ではどうすれば、お客さんとそのような関係を結ぶことができるでしょうか？　いろいろな方法がある中で、今回は5つの方法についてお伝えします。

いずれも巨大ネットショップやチェーン店・大企業ではなかなか実施しにくいことです。自分の店や会社に当てはめて読んでいってくださいね。

①人を売る

小さなお店や会社は、商品よりも人を売ることを心がけましょう。

お客さんとラブストーリーを築く5つの方法

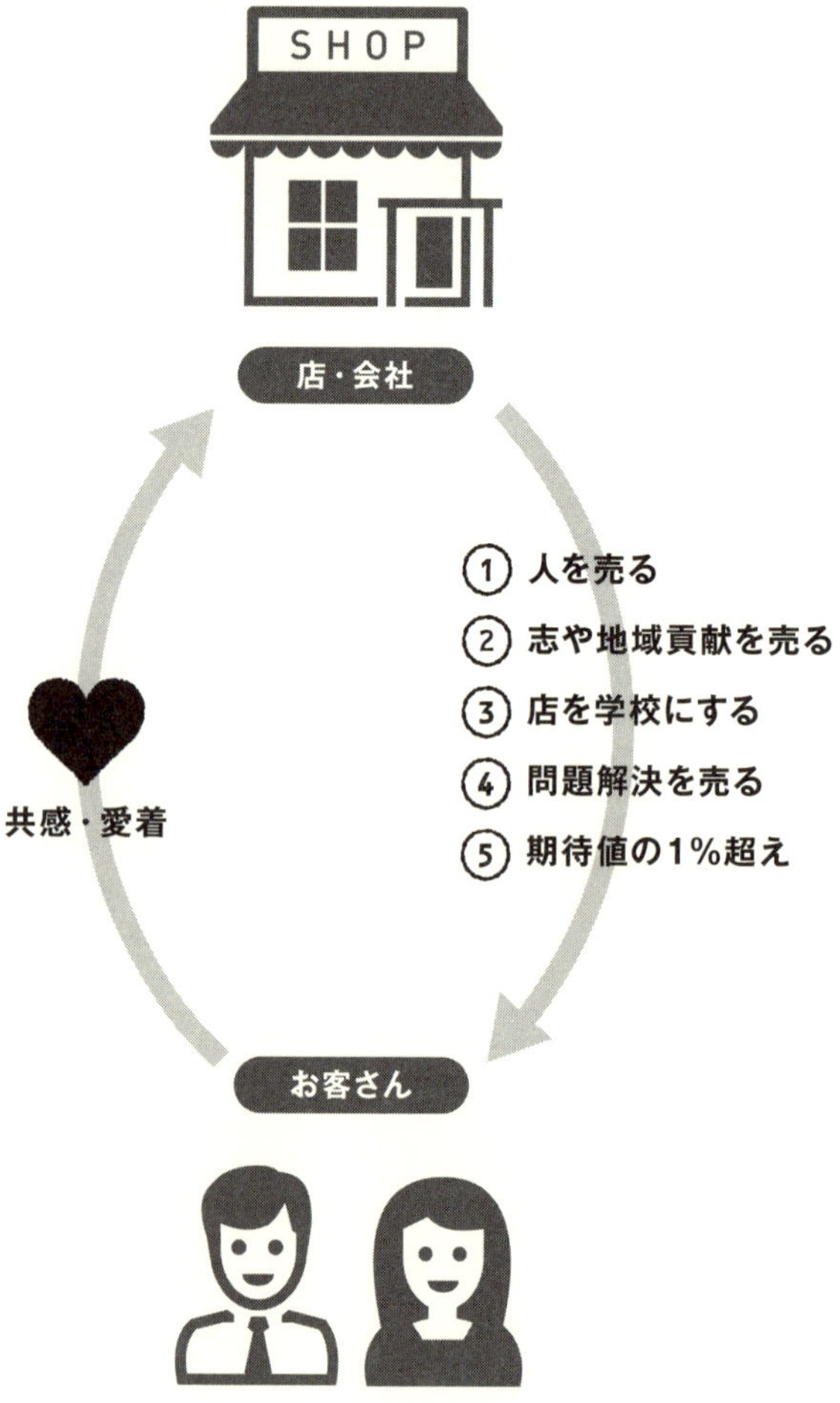

商品そのものではなく、その商品に関わる人（生産者・販売者・お客さんなど）にスポットを当てるのです。商品そのもので優位に立つことは難しくても、人であれば差別化することができます。

「人」を介在させると、物語を感じます。**人は「人の想い」に共感する。共感すると買いたくなる**から、売りにつながるのです。

②志や地域貢献を売る

商品で差別化できない小売店が、アマゾンのような巨大販売サイトや大型店に対抗するためにいちばん必要なのは「志」です。要はどのような思いで商売をしているかの「哲学」ともいえるでしょう。同じ商品やサービスであれば、**多くの人は共感を感じる「志」があるほうを買いたくなります。**感情が揺さぶられるからです。「志」は物語で売るときの「幹」になる重要な部分です。

社会貢献活動は大企業がやるものだと思ってはいないでしょうか？　小さい店や会社に

も、その規模にあった地域貢献のしかたがあります。「地域密着」などという抽象的なフレーズではなく、具体的に地域社会へ貢献できることを探しましょう。川や道路の清掃みたいなことでもかまいません。

③店を学校にする

お客さんは普通に満足したくらいではなかなかリピーターになってくれません。あなたのお店のことをいとも簡単に忘れてしまいます。忘れられないようにするためには、お客さんとの関係性を深くする必要があります。そのために「店を学校にする」というのはとても有効な手段です。一緒に何かを体験したお客さんは、簡単にあなたのお店のことを忘れるということはありません。

学校には「学ぶ」「集う」「体験する」という3つの要素があります。「学ぶ」は授業、「集う」は部活動、「体験する」は「遠足」「課外授業」などのイメージです。

まずはこの3つの要素をひとつ、もしくは組み合わせて導入してみましょう。そうすることであなたの店は学校に近づきます。参加したお客さんにとって楽しい体験であったなら、あなたの店は忘れられない店になるでしょう。

④問題解決を売る

世の中にはいろいろなことで困っている方が大勢います。すごい勢いで超高齢化社会に突入している日本においては、あらゆる場所でさまざまな問題で困っているお年寄りが数多くいるのです。また働くママが一般化したことで、子育てや家事に関して困っている家庭が数多くあります。

そんな人たちが抱えている**問題を、その店なりの手法で解決してくれる店**は、地域の人にとってなくてはならない存在になる可能性が高くなります。そうなると、売り込まなくても自然と人が集まる店になるのです。

広島県の山間部・庄原市東城町にある書店・ウィー東城店は、まさに「問題解決を売る店」です。書店内には美容室やカフェが併設されているほか、地元住民が困っていることを解決するよろず屋として機能しています。

この店の大きな収益源になっている年賀状の宛て名書き代行印刷も、「手が震えて年賀状の宛て名が書けない」という高齢者の悩みを解決してあげることから始まったサービスです。店長の佐藤友則さんのもとには、地元住民から日々いろいろな困ったことの相談がもちかけられます。佐藤さんは「できません」とは言わず、何かしらの解決策を一緒に考えます。いまでは一書店であることを超えて、地元住民にとってなくてはならない存在になっているのです。これこそ、チェーン店や大手ネットショップにはできない売り方だといえるでしょう。

⑤期待値の1%超え

人は商品を買ったり、サービスを受けるとき、無意識のうちに「だいだいこんなものかな」という期待値を設定します。期待値どおりであれば、人は満足します。

大企業やチェーン店などはそれで十分です。しかし、小さな店の場合は、それでは不十分なのです。満足したからといって、何か特別な感情がわくわけではないからです。残念ながら満足した気持ちはしばらくすると忘れてしまいます。それではリピーターになってはくれません。

期待値よりも商品やサービスが、上回ったり下回ったりしたときに、人の感情は動きます。

期待値よりも上回ると、満足を超えて心が大きく動きます。ありきたりな言葉ですが「感動」するのです。そうすると、自然と人はまたその店に来たくなります。

ただ、商品やサービスなど本筋の部分で満足を超えるのは至難の業です。また人は期待していないときに何かが起こる方が強く心が動きます。なので、

本筋の商品やサービスではない些細なことのほうが、期待値を上回りやすいのです。

そのような体験をしたお客さんは、心が動いて特別な感情がわき、その会社や店のファンになってくれる可能性が高まります。

ただし、気をつけてほしいことがあります。

期待値は上回りすぎてはいけないということです。

一度上回りすぎると、お客さんはそこが期待値になってしまいます。それでは続きません。ほんの少し、わずかなことでいいのです。

以上見てきたように、3本の矢を確立し、お客さんとの特別な関係を築いていけば、価格競争に巻き込まれることはありません。品質だけを突き詰めていかなくてもいい。広告を打つ場合も、ストーリーを意識した広告をつくれば、いままでのような一時的なお客さんだけでなく、継続的にファンになってくれるお客さんが増えていきます。

そうなると、あなたの会社やお店、またあなた自身も自然と輝いていきます。

周囲から愛され応援されながら、儲けることができます。

広い夜空のどこにあるかもわからなかった小さな星が徐々に輝きを増し、まわりを巻き込みながら、物語のある星座になっていくのです。

『星ヶ岡のチンパンジー』のキエのように。


このあとに、あなたがあなた自身のストーリーブランディングをしていくためのワークシートを用意しておきました。

「うちの店や会社は、また私自身はどうやって『星』を見つけたらいいんだろう？」

と思った方は、ぜひ実行してみてください。


きっとあなただけの星がみつかるはずです。

あなたのお店・会社・商品、
またはあなた自身を
「ストーリーブランディング」
するためのワークシート

本書に直接書きこむか、ノートや紙を用意して、設問に答えていってください。「志」「差別化」「エピソード」という３本の矢を発見できます。

Work Sheets

Work Sheet 01
「志」を発見しよう！

STEP 1

「あなた自身が仕事やビジネスで実現させたい願望、手に入れたいモノ」を書き出してください。

※キレイごとではなく、本音ベースで金銭欲や物欲などを正直に書き出すのがポイントです。

STEP 2

「あなた自身が仕事やビジネス上でやりたくないこと」を書き出します。

※キレイごとではなく、本音ベースで書き出すのがポイントです。

STEP 3

「あなたの会社やお店や商品（もしくはあなた自身）の強み」を徹底的に書き出してください。

STEP 4

「あなたの会社やお店や商品（もしくはあなた自身）の弱み」を徹底的に書き出してください。

※この2つのステップは、自分だけで考えず、まわりの人たちに取材してみるのもいいかもしれません。自分では弱みと考えていたことが、まわりから見ると強みであることも往々にしてあります。

STEP 5

STEP1～4の4つの要素をすり合わせながら、「あなたの会社・お店・商品（あなた自身）の強み（弱み）」×「社会的意義」＝「自分の願望やエゴ」の式が満たせる「社会的意義」を考えましょう。

※ここがいちばんむずかしいポイントです。簡単に答えは出ないかもしれません。場合によっては数ヵ月、数年かかる作業になることもあるかもしれませんが、仮でもいいので、いまの答えを出してみましょう。

STEP 6

ＳＴＥＰ５によってもたらされる、自分の願望やエゴ以外の「何か社会に役立つこと」を見つけ出しましょう。次の式が満たせるように考えてみます。

「あなたの会社やお店の強み」×「社会的意義」＝「自分の願望やエゴ」＋「何か社会に役立つこと」

STEP 7

そこから、「自分の願望やエゴ」をひとまず取り去ってください。

式にすると、次のようになります。

「あなたの会社やお店の強み」×「社会的意義」＝「何か社会に役立つこと」

これを文章化してみましょう。それがあなたの会社やお店の「志」の原型です。

志が書かれた大きな旗がはためいている風景をイメージします。
その旗は、どこかで見たようなものではないですか？
その旗は、手垢にまみれたことばが使われていませんか？
その旗は、他人からの共感を得ることができると思いますか？
無理かもと思ったら、最初からやり直しましょう。

Work Sheet 02
「独自化のポイント」を見つけよう!

STEP 1

あなたの会社・お店・商品（もしくは自分自身）で、3つのワン（ファーストワン／ナンバーワン／オンリーワン）になれる部分を書き出しましょう。

※STEP1の答えが弱いなと思ったらSTEP2～4をヒントにしてみましょう。

ファーストワン……	ナンバーワン……	オンリーワン……

STEP 2

あなたの会社やお店の業態の中で、地域や分野を絞り込んだり特化したりすることで、３つのワンになれる部分があれば書き出します。

STEP 3

あなたの会社やお店の業態の中で、見せ方や魅せ方を変えることで、3つのワンになれる部分があれば書き出しましょう。

STEP 4

あなたの会社やお店の業態の中で、勝手に日本一、世界一などと宣言してしまうことで、3つのワンになれる部分があれば書き出しましょう。

STEP 3

STEP2～4を踏まえて、もう一度、あなたの会社・お店・商品（もしくは自分自身）が独自化できる可能性があることを書き出しましょう。

Work Sheet 03
「魅力的なエピソード」を見つけよう！

「志」「独自化のポイント」を具体的にあらわすエピソードを書き出しましょう。また「志」「独自化」のストーリーに準じて、日々の商売・ビジネスにおいて、どのようなことをしていけばよいのか、思いつくままに書き出していきましょう。現時点でなければ「未来に起こったらいいいな」というエピソードを書き出しましょう。

Work Sheet 04

ストーリーの「３本の矢」を検証しよう!

ワークシート1～3で見つけ出した、それぞれのストーリーを書き出しましょう。

◉志

◉独自化のポイント

◉魅力的なエピソード

それぞれのストーリーに矛盾はありませんか?

「独自化のポイント」は「志」を実現するためのものになっていますか?

「魅力的なエピソード」は「志」「独自化のポイント」を実現するためのものになっていますか? 矛盾なく補完しあっていれば、これで、あなたの会社・お店・商品は最強の「3本の矢」になります。

おめでとうございます!

Work Sheet 05
コーポレートメッセージをつくろう!

「志」「独自化のポイント」をベースに、それを外部に向けてひと言で言い表せるように、キャッチコピー化(コーポレートメッセージ化)しましょう。

従業員が多い場合は、社内向けの「インナースローガン」も考えましょう。

お客さんとの絆を深める5種類の売り方について考えましょう。

①人を売る

②志や地域貢献を売る

③店を学校にする

④問題解決を売る

⑤期待値の1%超え

彼女からの手紙と
びっしり書かれたワークシート

Letter from her,
and worksheets

例の大学の講義から3ヶ月が経った。
ある日、カフェテリアで会った彼女から大きく分厚い封筒が届いた。
開けてみると、かなりの分量の紙が入っている。手紙とワークシートだった。

先日は、いろいろなアドバイスをいただき本当に感謝です。
『星ケ岡のチンパンジー』を読んで、両親を交えてワークをしました。
ご迷惑かもしれませんが、何だか先生に見てもらいたくて、こうして
みんなで書いたワークシートのコピーを送らせていただきました。
何よりもうれしかったのは、大型店ができてからずっと元気がなかった
両親がワークをしているうちにイキイキとした表情になってきたことです。
今まで考えもしなかったアイデアがどんどん湧いてきました。
すごいです、ストーリーブランディング!
これまで「弱み」と思っていたことが、どんどん「強み」に変わってい

くんです。

考えたストーリーをもとに頑張ると両親も意気軒昂です。

さっそく、手書きで外部向けのキャッチコピーを書いた看板を掲げようと、すでに発注したようです。

私もある大手スーパーに就職が決まりました。

これも、私自身の3本の矢を考え、きちんとストーリーブランディングしたおかげです。

そこで感じたのは、ストーリーブランディングとは、単なるフレームワークではなく、自分の人生にきちんと向かい合うことでもあるのだなということです。自分が将来どう生きていきたいのか、まさに人生をデザインしていくことなのではないでしょうか？

数年間、会社で働いて勉強して、ゆくゆくは店を手伝いに田舎に帰るつもりです。

今までそんなこと考えもしてなかったのですが、両親とワークをしているうちに不思議とそんな気持ちが芽生えてきました。両親もひとり娘の私に、店を継がせる気は毛頭なかったようですが、商売に興味を持ってくれているのはまんざらでもなさそうです。
先生、もしお近くに出張にいらっしゃることがあればぜひ店を観にいらしてください。

私は手紙を折り畳み、ワークシートに目を通してみた。
細かい文字でぎっしりと書かれていた。
字が何種類かあるのはみんなで書き込んでいるからだろう。
彼女とその両親の熱い思いが伝わってきた。
以下、その一部を抜粋しておく。

彼女からの手紙とびっしり書かれたワークシート

▼ローカルスーパー「熊本屋」の3本の矢＋α

志

地方の買い物弱者の最後の砦になるようなスーパーにする

独自化のポイント

日本初、問題解決型スーパー
日本一、社会的弱者にやさしいスーパー
日本唯一、人のお家にまであがりこむスーパー

魅力的なエピソード

・お客さんの顔と名前を覚えて、名前で呼びかける
・移動販売や宅配で買い物難民の救世主に
・時にはお客さんの家にあがりこんで雑談の相手もする
・惣菜や弁当の量を少なくして単身者でも食べやすくする
・全国ネットのテレビ番組で紹介される

コーポレートメッセージ

日本で一番人にやさしいスーパーマーケットを目指す

インナースローガン

常に買い物弱者の目線に立って商売する

お客さんとラブストーリーを築くための5つの方法

❶人を売る

店内に従業員の写真入りの巨大ＰＯＰをつくる
従業員やお客様をフィーチャーした月刊ニュースレターの発行
生産者の顔写真とオススメポイントを貼る
お客さん自慢のレシピを写真入りで貼り出す

❷志や地域貢献を売る

祭りなどのイベントに積極的に参加

地元の名産品を使ったPB商品の開発

地方の小さなスーパーが繁盛するモデルをつくる

特定の商品の売り上げを地元の里山整備の基金に寄付する

買い物難民のための移動販売

❸店を学校にする

熊本屋スマホ部（スマホの操作の仕方を教える）

手作りみそ講座

お米の産地銘柄別食べ比べイベント

お客様参加型、新商品開発会議

店内にちょっとしたカフェスペースをつくり、交流の場に

❹ 問題解決を売る
御用聞き部隊をつくって定期的に巡回する
困ったことがあれば何でも手助けする（電球を変える、テレビが録画できない等）
バックヤードに託児所をもうける
高齢者向けの年賀状の宛て名書き代行
リフォーム・介護用品・保険などの仲介業務

❺ 期待値の1％超え
パートを含めスタッフに1日500円まで自由に使わせる裁量をもたせる（何かお客さんを喜ばせるために使う）
何をすれば「期待値を超えられるか」毎月スタッフでミーティング

ワークシートを読みおえた私は目を閉じた。
頭の中で想像してみたのだ。
日本でいちばんやさしいスーパーが実現されたときのことを。
想像すると、少し心が熱くなった。
こんな店が全国にいっぱいできれば、日本の未来もきっと明るい、と思う。

※本書は2012年2月に刊行された『星ヶ岡のチンパンジー』に「ある大学のカフェテリアで」「彼女からの手紙とびっしり書かれたワークシート」を加筆したものです（いずれもいくつかの事実を元にしたフィクションです）。また「『星ヶ岡のチンパンジー』とストーリーブランディングについてのちょっと長い解説」と「ワークシート」に関しても、大幅に加筆修正しました。

ディスカヴァー
携書
157

あなたの「弱み」を売りなさい。

戦わずに売る 新しいブランド戦略

発行日 2015年11月20日 第1刷

Author 川上徹也(ストーリー部分共同執筆:ぎんなん)

Book Designer 國枝達也
Illustrator 小池アミイゴ(9ページ『星が丘のチンパンジー』表紙イラスト)

Publication 株式会社ディスカヴァー・トゥエンティワン
〒102-0093 東京都千代田区平河町2-16-1 平河町森タワー11F
TEL 03-3237-8321(代表)
FAX 03-3237-8323
http://www.d21.co.jp

Publisher 千場弓子
Editor 千場弓子 千葉正幸

Marketing Group
Staff 小田孝文 中澤泰宏 片平美恵子 井筒浩 小関勝則 千葉潤子
飯田智樹 佐藤昌幸 谷口奈緒美 山中麻吏 西川なつか 古矢薫
伊藤利文 米山健一 原大士 郭迪 松原史与志 蛯原昇 中山大祐
林拓馬 安永智洋 鍋田匠伴 榊原僚 佐竹祐哉 塔下太朗
廣内悠理 安達情未 伊東佑真 梅本翔太 奥田千晶 田中姫菜
橋本莉奈 川島理 倉田華 牧野類 渡辺基志
Assistant Staff 俵敬子 町田加奈子 丸山香織 小林里美 井澤徳子 藤井多穂子
藤井かおり 葛目美枝子 竹内恵子 清水有基栄 小松里絵
川井栄子 伊藤由美 伊藤香 阿部薫 常徳すみ 三塚ゆり子
イエン・サムハマ 南かれん
Operation Group
Staff 松尾幸政 田中亜紀 中村郁子 福永友紀 山﨑あゆみ 杉田彰子

Productive Group
Staff 藤田浩芳 原典宏 林秀樹 三谷祐一 石橋和佳 大山聡子
大竹朝子 堀部直人 井上慎平 松石悠 木下智尋 伍佳妮 賴奕璇

DTP アーティザンカンパニー株式会社
図版作成 岸和泉
Proofreader 文字工房燦光
Printing 大日本印刷株式会社

ISBN978-4-7993-1778-5

携書ロゴ:長坂勇司
携書フォーマット:石間 淳